D1922764

JONAS VERLAG

Die documenta-Foundation
Ein Modell der Kulturfinanzierung

Herausgegeben vom Kulturdezernat Kassel und den Staatlichen Museen Kassel, Neue Galerie, in Zusammenarbeit mit dem documenta forum e.v.

Redaktion: Harald Kimpel

Gestaltung: Karl Oskar Blase

kk4
Die Nr. 4 der „KunstKommentare" ist das Begleitbuch zur Ausstellung „Die documenta-Foundation", veranstaltet von den Staatlichen Museen Kassel in Zusammenarbeit mit dem Kulturdezernat Kassel und dem documenta forum e.v., Neue Galerie, 13.6. – 15.9.2002

kk1
documentaportraits. Künstlerinnen und Künstler der d8 – fotografiert von Frank Mihm. 1989

kk2
Der Drang zur Landschaft. Friedrich Fennel (1872–1926). 1989

kk3
Aversion/Akzeptanz. Öffentliche Kunst und öffentliche Meinung: Außeninstallationen aus documenta-Vergangenheit. 1992

Die Deutsche Bibliothek – CIP-Einheitsaufnahme

Ein Titeldatensatz für diese Publikation ist bei der Deutschen Bibliothek erhältlich.

Weidenhäuser Str. 88
D-35037 Marburg

Druck: Fuldaer Verlagsagentur

ISBN 3-89445-302-8

Die documenta-Foundation

Ein Modell der Kulturfinanzierung

Jonas Verlag

Inhalt

Andreas Vowinckel

Ist Kunst das, was bedeutende Künstler machen?

Fragen zur Geschichte und Tätigkeit der documenta-Foundation 1964–1977 sowie zum Selbstverständnis der documenta

Im Juni 1964 wurde anläßlich der Eröffnung der documenta 3 die Gründung eines Fördervereins „documenta-Foundation" in Verbindung mit einem Spendenaufruf veröffentlicht. Diese Initiative, die von Vertretern des Staates, dem Land Hessen und der Stadt Kassel, von Künstlern und engagierten Bürgern unterstützt wurde, fordert zu Fragen heraus. Worauf fußte sie und was sollte mit ihr erreicht werden? Welche Umstände und Beweggründe haben dazu beigetragen, daß sie zustande kommen und vollzogen werden konnte? Welche Motivationen, Ideen und Anregungen haben diesem für deutsche Verhältnisse Anfang der sechziger Jahre ungewöhnlichen Schritt zugrunde gelegen? Auf der Suche nach Antworten soll ein Blick zurück auf die Geschichte der documenta die Voraussetzungen und Gegebenheiten offenlegen, denen sich die Foundation verdankt, sowie die Spielräume und Grenzen aufzeigen, in denen sie das Geschehen nicht nur aktiv mitgestaltet, sondern auch wesentlich zum Erfolg der documenta beigetragen hat.

documenta: das Prinzip einer fortschreitenden Expansion

Die Geschichte der documenta in Kassel, die in den ersten vier Versionen von 1955 bis 1968 auf Anregung und unter der Leitung von Arnold Bode als Primus inter Pares stattgefunden hat, kann als eine Geschichte ihrer fortschreitenden Expansion interpretiert werden. Diese bezog sich auf die stets wachsenden und darum immer höheren inhaltlichen, organisatorischen und damit besonders auch finanziellen Ansprüche gegenüber diesem von Arnold Bode propagierten und zunehmend auch international hoch geschätzten „Museum der 100 Tage".

Dieser Aspekt der Expansion wurde nach der organisatorischen Neuorientierung im Vorfeld der documenta 5 (1972) mit der Berufung eines unabhängigen Ausstellungsleiters, der unbeeinflußt von den personellen Gegebenheiten am Ort und damit auch von dem Gründer Arnold Bode selbständig dieses ebenso weiträumig wie zentristisch angelegte Ausstellungs- und Vermittlungsmodell internationaler zeitgenössischer Kunst verantwortlich zu vertreten hatte und bis heute in diesem Verständnis repräsentiert, geradezu ein wesentliches Merkmal ihres äußeren Erscheinungsbildes. Harald Szeemann (1972), Manfred Schneckenburger (1977, 1987), Rudi Fuchs (1982), Jan Hoet (1992), Catherine David (1997) haben der documenta jenes pointierte und stets extensivere Profil gegeben. Mit der documenta 11 weitet Okwui Enwezor 2002 den konzeptuellen Diskurs schon in der Vorbereitungsphase auf globale Perspektiven aus.

Die ungebrochene Anziehungskraft der documenta gründet darum nicht nur auf den unterschiedlichen Methoden und Strategien der Inszenierungen der jeweils zur Diskussion gestellten Kunst, die möglichst medienrelevant und überzeugend in den Mittelpunkt eines übergreifenden Interesses treten sollte, musste und auch konnte. Vielmehr findet die documenta gerade in den dynamischen Veränderungen der strukturellen und inhaltlichen Prozesse, die sich von jeher, aber heute global in der Kunst und in ihrem jeweiligen geistigen Umfeld abspielen, ihren expansiven Ausdruck.

Schon die erste documenta sprengte hinsichtlich ihres Umfanges, der inhaltlichen Ausrichtung und ihrer unkonventionellen Inszenierung alle bis dahin bekannten Grenzen einer Kunstausstellung im Deutschland der Nachkriegszeit und des Wiederaufbaus. Ihr Gründer, Initiator und

wichtigste Promotor war Arnold Bode (1900–1977), Professor für Malerei an der Staatlichen Werkakademie Kassel, der aber auch in den Fächern Raumgestaltung und Ausstellungsarchitektur unterrichtet hat. Als Künstler, der unmittelbar nach der Machtergreifung 1933 von den Nazis seines Amtes als Stellvertretender Direktor des Städtischen Werklehrer-Seminars in Berlin enthoben wurde[1], entwickelte er in den fünfziger Jahren – genauer seit 1954[2] – Überlegungen, die Kunst der Moderne in Deutschland aus ihrer Isolierung zu befreien und die Werke von internationalen Künstlern nach der Epoche ihrer Diffamierung, Verfolgung und/oder vielfachen Vernichtung in einem neuen, so noch nie gezeigten architektonischen und ästhetischen Rahmen vorzustellen.
Ihm zur Seite stand der Kunsthistoriker Werner Haftmann. Er hatte mit seinem 1954 veröffentlichten Standardwerk „Malerei im 20. Jahrhundert"[3] die entscheidenden Voraussetzungen geschaffen, um eine erste Gesamtdarstellung der „kunst im XX. jahrhundert. internationale ausstellung im museum fridericianum in kassel" – so der originale vollständige Titel des Vorhabens – in dem Sinne zu verwirklichen, wie dies die Programm-Ankündigung des inzwischen gebildeten Arbeitsausschusses im März 1955 formulierte: „Das Anliegen der Ausstellung ist, in einer klaren, knappen Auswahl und auf europäischer Ebene einmal die Entwicklungslinien der bildenden Kunst unseres Jahrhunderts seit den revolutionären und beunruhigenden Vorgängen zu Beginn unseres Jahrhunderts dokumentarisch nachzuzeichnen und die heute erreichten Positionen in möglichster Schärfe zu bestimmen."[4]

Bewältigung der Gegenwart

Arnold Bode und Werner Haftmann vertraten mit dem Arbeitsausschuss Standpunkte, mit denen sie aus einem Verantwortungsbewußtsein gegenüber der Kunst, gerade auch der Kunst in Deutschland vor der nationalsozialistischen Diktatur, im internationalen Kontext den Versuch unternommen haben, diese besonders für ein deutsches Publikum wieder in ihre ursprünglichen Rechte zu setzen. Gleichzeitig unterzogen sie ihre Positionen einer Prüfung. Sie konfrontierten die Ergebnisse der Kunst der klassischen Moderne mit Arbeiten von Künstlern der jüngeren Generationen im Sinne einer These und Antithese, um aus der Synthese ihre Legitimation für das vorgeschlagene Konzept abzuleiten. Sie stellten die documenta 1955 inhaltlich von vornherein in den Kontext und damit auch in die Tradition so wegweisender international ausgerichteter Ausstellungen wie die „Sonderbund-Ausstellung" 1912 in Köln, den „Herbstsalon" der Galerie Herwarth Walden 1913 in Berlin oder einer mit der documenta vergleichbaren Zusammenschau auf die Kunst des 20. Jahrhunderts 1927 in Dresden.[5] Sie werden von Werner Haftmann in seiner Einleitung zum Katalog ausdrücklich als Beispiele zitiert, mit denen sie „in den Reigen der internationalen Ausstellungen der Avantgarde eingetreten" sind. Diese Ausstellungen, zu denen in jedem Fall auch noch solche wie die „Erste Internationale Dada-Messe", 1920 in Berlin, die „Internationale Ausstellung des Deutschen Werkbunds Film und Foto", 1929 in Stuttgart, und auf nationaler Ebene die „Neue Sachlichkeit – Deutsche Malerei seit dem Expressionismus", 1925 in der Städtischen Kunsthalle Mannheim oder nach der Befreiung 1946 die erste „Allgemeine Deutsche Kunstausstellung" in Dresden und 1949 in Köln, die bis dahin umfangreichste Ausstellung „Deutsche Malerei und Plastik der Gegenwart" gehören, repräsentieren in unserem heutigen Verständnis nicht nur „Stationen der Moderne"[6]. Mit der Ahnenreihe, in die

Werner Haftmann auch die documenta 1955 einzugliedern wünschte, formulierte er einen Anspruch an die Kunst. Die für die Ausstellung ausgewählten Künstler und ihre Werke sollten vor allem eines vertreten und zugleich verkörpern: die Avantgarde.
Die Tatsache, daß Werner Haftmann die nachgenannten Ausstellungen nicht in seine Darlegungen zur Begründung und Legitimation der documenta mit einbezogen hat, entsprach geradezu einer Negativauswahl, mit der er versuchte, seine These von einer Avantgarde zu stützen, die er in den hier ausgestellten Werken „bis in die letzten Verästelungen, bis in die allerjüngsten Generationen hinein" ausschließlich als Teil der „Entwicklung und europäische(n) Verflechtung der modernen Kunst"[7] interpretierte. Darin kam nicht nur der Versuch zum Ausdruck, mit der documenta 1955 die selbst verschuldete künstlerische Isolation und damit Provinzialität zu überwinden, sondern einen spezifischen Begriff davon zu etablieren, was als Avantgarde verstanden und welche Werke, Ausdrucksformen, Stile damit verbunden werden sollten. Mit diesem Ansatz wurde auf zwei wesentliche und darum auch für die nachfolgenden Ausstellungen weitreichende Momente in der konzeptuellen Ausrichtung verwiesen. Er beeinflußte damit auch die Auswahl der Künstler, von der die documenta-Foundation entscheidend abhing und geprägt wurde.
Hierzu sind noch einige Erläuterungen zum Verständnis des Avantgardebegriffs, wie Werner Haftmann ihn vertreten hat, erforderlich. Das geistige und kulturelle Klima in Deutschland wurde nach 1945 entscheidend von den Bemühungen geprägt, die nationalsozialistische Kunstdiktatur durch eine Vielzahl von Ausstellungen zur deutschen Kunst der Gegenwart[8] nach der „Stunde Null" überwinden zu helfen und einen Neuanfang zu suchen. Dieser wurde gleichzeitig von heftigen Auseinandersetzungen über den Begriff der „Moderne" begleitet, mit dem einerseits die wichtigsten Stilbewegungen vom ausgehenden 19. bis Mitte des 20. Jahrhunderts und andererseits die formalen Merkmale einer abstrakten, gegenstandslosen Kunst charakterisiert wurden.[9] Unabhängig und doch in engem Zusammenhang damit tobte unter Künstlern, Kunstkritikern, auf Symposien und in den wiederauflebenden oder neu gegründeten Kunstzeitschriften ein unversöhnlicher Streit über den Sinn und die Inhalte einer modernen Kunst, die abstrakt oder gegenständlich in Erscheinung trat.[10]
Die Streitschrift von Hans Sedlmayr „Verlust der Mitte. Die bildende Kunst des 19. und 20. Jahrhunderts als Symptom und Symbol der Zeit", 1948 erschienen, markierte einen Höhepunkt in der Formulierung der gegnerischen Positionen. Sie oszillierten zwischen einer „Ablösung der Kunst vom Menschlichen", von der „Gott-Ebenbildlichkeit" und ihrer Auslieferung nach Sedlmayr an „Phänomene der Störung –

Präsentation der „Edition '68"
zur documenta 4, 1968,
in der Cafeteria des
Museum Fridericianum

Deshumanisierung, Anorganisierung, Chaotisierung"[11] einer so von ihm apostrophierten ungegenständlichen, abstrakten und darum materialistischen Kunst.
Werner Haftmann hat diesen Gegensatz zwischen dem Abstrakten und Gegenständlichen für das Bild der modernen Kunst, das er mit Arnold Bode und dem Arbeitsausschuss im Rahmen der documenta entwerfen und veranschaulichen wollte, geschickt umgangen und sich doch für eine Auffassung entschieden. Zwar weichen sie den kontroversen Diskussionen mit Blick auf eine entwicklungsgeschichtliche Kontinuität aus, in deren Namen sie in jedem Kunstwerk Positionen einer formalen Logik und ästhetischen Notwendigkeit in der Kunst autonom verwirklicht sehen. Hierin, so ihre Auffassungen 1955, formulierten die Künstler jene immanent fortschreitenden inhaltlichen und ästhetischen Innovationen, mit denen jedes Werk nicht regional, sondern auf europäischer Ebene als Teil des Ganzen am Prozess der schöpferischen Gestaltung vom Kubismus, Expressionismus, Orphismus, Pittura metafisica, Surrealismus, Bauhaus, de Stijl und Konstruktivismus bis hin zur abstrakt-gestischen Malerei, ohne allerdings Dada mit einzubeziehen, teilnimmt. Und doch dokumentierte die Auswahl der 670 Werke, Gemälde, Zeichnungen und Skulpturen von 148 Künstlern aus sieben Ländern Aspekte von Kunstanschauungen und Stilinterpretationen, mit denen sich die Verantwortlichen unübersehbar zu einer aktuellen Tendenz in der zeitgenössischen Kunst Mitte der fünfziger Jahre bekannt haben: dem abstrakten Expressionismus.
„Die Einsicht war", in den Worten von Werner Haftmann, „daß die gegenständliche Welt gar nicht so fraglos existiere, daß sich erst hinter ihrer Erscheinung das Reich größerer Erkenntnis erschlösse"[12], mithin die philosophische Dimension eines autonomen Kunstwerks, das mit seinen ebenso abstrakten wie expressionistisch-gestischen Ausprägungen aus dem Umfeld der École de Paris, der Cobra-Gruppe, des Informel in Deutschland oder der New Yorker Schule das europäische und amerikanische Kunstgeschehen der ausgehenden vierziger und frühen fünfziger Jahre dominiert hat. Er spricht aus guten Gründen nicht von der vieldeutig interpretierbaren Moderne, was auch immer sich mit diesem Begriff verbinden ließ, sondern von einer Avantgarde in der Kunst des 20. Jahrhunderts, in die er die Autonomie, verstanden als grenzenlose Freiheit der Selbstentäußerung des Künstlers in seinem Werk, als conditio sine qua non mit eingeschlossen hat. Der abstrakte Expressionismus war in seinen verschiedenen Ausprägungen ebenso umstritten, wie er die aktuellen Kunstdiskussionen als Stilphänomen in den fünfziger Jahren geprägt und beherrscht hat.
Man soll die documenta 1955 „sehen als einen breit angelegten, aber doch ersten Versuch, wieder den internationalen Kontakt in breiter Form aufzunehmen und in ein lange unterbrochenes Gespräch sozusagen im eigenen Hause wieder einzutreten"[13]. Vor dem Hintergrund dieser erklärten Absicht, der inhaltlichen Konzeption, die eine „Folgerichtigkeit über drei Generationen" und „Kontinuität der geistigen Entwicklung des menschlichen Geschlechts" voraussetzte, wie sie sowohl in der Auswahl der Künstler wie auch in den Kriterien „der Qualität im obersten Rang, so wie wir sie verstanden", zum Ausdruck kam, stand eine kunst- wie theoriekritische 'Bewältigung' der Moderne[14] durch die documenta als aufklärerische Antwort auf die Verfemung der Moderne durch die Nazis mit der Ausstellung „Entartete Kunst" weder zur Diskussion, noch konnte und sollte sie von ihr geleistet werden.
Dieser Umstand offenbart die nicht unwesentliche Schwäche der documenta, nicht nur der Ausstellung 1955, sondern der Idee und Konzeption überhaupt, die zugleich ihren überraschenden und bis heute ungebrochenen Erfolg sichert. So entwerfen und breiten die documenta-Ausstellungen ein mehr oder weniger zeitbedingtes Bild der Kunst, ihrer Innovationen und Entwicklungen aus, deren Produkte sie jeweils waren.

Eine Ausnahme bilden die vorsichtigen, auch von aktuellen Diskussionen geprägten Ansätze im Rahmen der documenta 5 (1972), als unter der Leitung von Harald Szeemann versucht wurde, unter dem Aspekt „Befragung der Realität – Bildwelten heute" eine inhaltlich konzipierte Ausstellung zu entwickeln. Im Unterschied hierzu wurden 1972 im Spiegel von Werken der zeitgenössischen Kunst und an Beispielen aus dem Umfeld kultureller Zeugnisse, die durch die visuellen Medien transportiert werden, kritische Fragen nach den Begriffen im Umgang mit Kunst und Kultur, nach den Methoden der Arbeit und dem Selbstverständnis der Künstler und ihrer Rezeption im gesellschaftlichen Raum gestellt.

Die documenta wurde von Anbeginn bis heute als außergewöhnlich informatives Event zur zeitgenössischen Kunst, von den Besuchern als Erlebnispark ästhetischer Wahrnehmungen begriffen und mit stetig wachsendem Zuspruch auch angenommen, weil sie nicht als eine theorieüberladene Lehrveranstaltung von den emotionalen Wahrnehmungen und Erfahrungen ablenkte. Kritische Analysen jenseits der Immanenz der Kunst, Versuche ihrer inhaltlichen, methodischen und ästhetischen Objektivierung, der Klärung ihrer Quellen, ihrer historischen und/oder zeitbedingten Voraussetzungen, der Zusammenhänge, in die sie eingebettet, aus denen sie hervorgegangen ist, mit anderen Worten eine Sichtung und Bewertung der Kunst sowohl der Moderne vor dem Hintergrund ihrer Diffamierung durch die Nazis, wie aber auch der zeitgenössischen Kunst von den fünfziger Jahren bis heute sind vielleicht Themen einzelner Aufsätze, nicht aber konzeptueller Gegenstand der Ausstellungen selbst als Resonanzboden für Reflexion und Erinnerung.

Die documenta-Ausstellungen leisteten – mitunter im Widerspruch zu den Absichten, die von den Organisatoren der documenta vertreten wurden – keine Arbeit der theoretischen Fundierung und geschichtlichen Interpretation. Hieran änderten auch die Bemühungen der Veranstalter nichts, im Rahmen von Besucherschulen den Betrachtern Seh- und Verständnishilfen anzubieten.

Kunst, Raum, Architektur: die Ästhetisierung des Kunstwerks

Der Grund für diese Einengung, ja sogar der weitgehende Verzicht auf inhaltliche, damit auch kunsttheoretische und gesellschaftsrelevante Fragestellungen muss in dem Umstand gesucht werden, der sich von dem Konzept der documenta 1955 ableiten läßt. Die von den Organisatoren in der Ausstellung skizzierte „Kunst des XX. Jahrhunderts", die von der Klassischen Moderne bis zur zeitgenössischen Kunst eine europäische kunsthistorische Kontinuität dokumentieren sollte, konnte erst durch die Inszenierung der Kunstwerke in den für die Ausstellungen bereitstehenden Gebäuden

mit ihren Innen- und Außenräumen sichtbar und damit nachvollziehbar gemacht werden. Kunstwerke nicht phantasielos nebeneinander aufzuhängen, sondern jedes Werk inhaltlich zu erfassen und mit seinen besonderen formalen und ästhetischen Merkmalen, mit seiner nur ihm eigenen visuellen Ausstrahlung, seiner Aura, in Zusammenhänge zu stellen, die einen sinnvollen Dialog zwischen den Raumgegebenheiten und den Kunstwerken ermöglichen, wurde zur zentralen Aufgabe. Hierin manifestierte sich die Vision Arnold Bodes, der die documenta angeregt hatte und im Rahmen der Bundesgartenschau 1955 verwirklichen konnte, um einer neuen Wahrnehmung und Interpretation von Kunst im Rahmen einer temporären Ausstellung den Weg zu ebnen. Hierin liegt sein entscheidender und vor allem zukunftsweisender Beitrag, mit dem er nicht nur „seiner" documenta das Profil gegeben, ihr Erscheinungsbild in der Öffentlichkeit geprägt hat, sondern die Entwicklung neuer Ausstellungsformen als innovativer Vorläufer maßgeblich beeinflußt hat.
Arnold Bode hat die Herausforderung zur Inszenierung der documenta Ausstellungen von 1955 bis 1968 als Raumgestalter nicht nur gesucht, sondern mit den jeweils von ihm entwickelten Ausstellungsarchitekturen auch angenommen. In den Ruinen des Museum Fridericianum und der Orangerie in Kassel entwarf er ein Ausstellungskonzept, mit dem er in zweifacher Weise auf den Ort und seine ursprünglichen Funktionen reagierte. In den notdürftig hergerichteten Gebäuden ging es Arnold Bode und Werner Haftmann nicht um eine Musealisierung der Kunst der Moderne, sondern um eine Ausstellung auf Zeit in einem musealen Ambiente, das ihren Gegenentwurf schon im Konzept der Ausstellung beinhaltete.[15]
Aus dem Kontrast zwischen den kriegsbeschädigten, respektive zerstörten Ausstellungsgebäuden, die so belassen wurden, wie sie bestanden, und der von Arnold Bode eingebauten Ausstellungsarchitektur erwuchs eine ganz neue, so vorher noch nie wahrgenommene Raumästhetik. Mit Hilfe von weiß gekalkten, unverputzten Backsteinwänden und eingebauten Pressplatten schuf Arnold Bode – wohl auch in Anlehnung an Mies van der Rohes Barcelona Pavillon von 1929 – konstruktivistisch angelegte „fließende" Räume mit einer reichen Landschaft überraschender Perspektiven. Sie boten in offenen und zugleich in sich geschlossenen Raumfolgen einen ungewöhnlichen Rahmen, der mit seiner spezifischen Atmosphäre vor allem die immanente Ästhetik der Kunstwerke betonte und sie darum in den Mittelpunkt der gesamten Ausstellung rückte.[16]
Das einzelne Kunstwerk trat als Ort der Wahrnehmung hervor und wurde Begegnungsraum für die Entdeckung der wesentlichen kreativen Impulse, denen sich die avantgardistischen Tendenzen in der Kunst des zwanzigsten Jahrhunderts verdankten. Mit dem Kunstwerk gewann auch die Künstlerpersönlichkeit eine ganz andere Bedeutung. Zuerst der Künstler, dann sein Werk und schließlich seine Rolle im historischen Kontext wurden die Parameter, an und mit denen sich der Erfolg einer Ausstellung messen lassen mußte und konnte. Nicht ohne Grund fanden die Ausstellungsbesucher im Eingangsbereich der documenta 1955 große photographische Porträts der wichtigsten hier ausgestellten und vertretenen Künstler. Die Besucher wurden damit von vornherein auf jene Idole eingestimmt, denen die Veranstalter ihre Reverenz und damit eine besondere Rolle, besondere Aufmerksamkeit zugebilligt haben. Der überragende, alle Erwartungen übertreffende Erfolg der documenta 1955 mit fast 130.000 Besuchern bestätigte eindrucksvoll die Richtigkeit der These und damit der Konzeption der Ausstellung, mit der es ihnen darum ging, die ideologische Entfremdung und Isolation vom Kunstgeschehen in Europa dadurch zu überwinden, daß sie die Kunst des 20. Jahrhunderts, die Kunstwerke und damit ihre Urheber, die Künstler auf internationaler Ebene, nicht aber ihre

Schicksale in den Mittelpunkt der Aufmerksamkeit rückten. Hiermit wurde der Grundstein für die nachfolgenden documenta-Ausstellungen und die inhaltlichen Konzepte gelegt, auf denen diese mit Vorbildfunktion für die Rezeption der klassischen und zeitgenössischen Kunst aufbauten.

Der Verzicht auf Argumente: das Ende der Avantgarden

Die Internationalität der documenta war ein entscheidendes Kriterium dafür, die Vision von Arnold Bode in weiteren Ausstellungen fortzuführen, mit denen es darum ging, der zeitgenössischen Kunst ein neues angemessenes Podium für ihre Darstellung in einem „Museum auf Zeit" zu verschaffen. Außer der besonderen Rolle, die hierbei der Ort, die Stadt Kassel bis 1989 in einer Randlage gegenüber der DDR und dem Ostblock, an der Peripherie der westlichen Welt und auch der Bundesrepublik[17] als Veranstalter spielte, hat noch ein anderer Umstand an Bedeutung gewonnen. In Deutschland spielte sich das Kunstgeschehen bis weit in die siebziger Jahre hinein dezentral in mehreren Regionen ab. Es ereignete sich vor allem dort, wo junge angehende Künstler an Akademien studieren und ihr Urteil in einem entsprechenden Umfeld von Museen schärfen und ihre Arbeiten in Galerien zum Verkauf anbieten konnten. Lediglich die documenta hat zumindest in den fünfziger und sechziger Jahren die Möglichkeit geboten, die Kunstproduktion in Deutschland für einige Monate alle vier Jahre einem internationalen Vergleich auszusetzen.

Diese Situation änderte sich schlagartig mit der Einrichtung eines international beschickten Kunstmarktes, der 1967 zum ersten Mal von dem neu gegründeten „Verein progressiver deutscher Kunsthändler" in Köln durchgeführt wurde und seitdem jährlich mit großem Erfolg als „art Cologne" stattfindet. Die Idee der Konzentration des Kunsthandels für kurze Zeit an einem Ort hat in der Nachfolge des Kölner Vorbildes mit entsprechenden Veranstaltungen etwa in Basel, Paris, Madrid, Bologna, Chicago, Tokyo u.a. eine weltweite Resonanz gefunden. Von Köln gingen, auch in Verbindung mit dem Galeriehaus Köln, das von 1968 bis 1973 sieben der namhaftesten deutschen Galerien unter einem Dach beherbergte,[18] die entscheidenden Impulse zu einer Konzentration des Handels, zu einer beherrschenden Stellung der Region Köln/Düsseldorf im aktuellen Kunstgeschehen aus, die von zahlreichen teilweise umfangreichen Ausstellungsprojekten[19] flankiert wurden.

Nach der documenta 1955 mit ihrer perspektivischen Ausrichtung auf die klassische Moderne und ihren Einflüssen auf die zeitgenössische Kunst, sollten mit der 2. documenta 1959 nunmehr die jüngsten Entwicklungen im Vordergrund stehen. Unter dem Leitmotiv „Kunst nach 1945. Internationale Ausstellung" wurde ein weitgespanntes Panorama der zeitgenössischen Kunstproduktion nach drei formalen, gattungsspezifischen Aspekten unter großer Künstlerbeteiligung ausgebreitet: Malerei mit 218 Künstlern, Skulptur mit 78 Künstlern und als neue, so bisher noch nie zusammengefaßt vorgestellte Gattung: Druckgrafik mit 59 Künstlern, die mit illustrierten Büchern von 75 Künstlern[20] erweitert und ergänzt wurde. Konzeptuell folgte die documenta 1959 derjenigen von 1955 darin, den ein-

zelnen Künstler und sein Werk, nicht aber sein soziales, kulturelles und geistiges Umfeld mit einzubeziehen. Werner Haftmann spricht in seiner Einführung und Begründung für die Entscheidung, nur die neuesten Aspekte der zeitgenössischen Kunst seit 1945 vorzustellen, davon: „Es ist wohl sicher, daß ein gewichtiger Teil der Faszination an der modernen Kunst auf das große und verführerische Ausmaß der in ihr sich ausdrückenden menschlichen Freiheit zurückzuführen ist. [...] Der schöpferische Sinn der Freiheit liegt aber in der Richtung zu Etwas. Das ist ihr Ethos. Die moderne Kultur ist ein sehr umfassendes Abenteuer, das zwischen den negativen und positiven Polen der Freiheit sich ereignet. Ihr Wert bestimmt sich allein aus der sittlichen Kraft derer, die sie geformt haben", und: „Die Kunst unserer Gegenwart steht mit all ihren Wurzeln in einer festen Kontinuität, die sich auf die Einsichten gründet, die in den ersten Jahrzehnten unseres Jahrhunderts ausgearbeitet wurden", schließlich: Mit dem „Verzicht auf die politisch reglementierte Kunstausübung des 'sozialistischen Realismus' [...] und auf eine resignierende, existenzialistische Gegenstandsmalerei" (Haftmann) „hing innerlich der Entschluß zusammen, die Ausstellung allein auf das Werk der einzelnen Künstler zu stellen und auf jeden Gruppenausdruck zu verzichten"[21]. Eindeutiger läßt sich die inhaltliche Abgrenzung von jeder Form gegenständlicher Kunst nicht umschreiben, mit der Werner Haftmann unausgesprochen, respektive wolkig umschrieben die abstrakte Kunst, gemeint ist die abstraktgestische und expressionistische Malerei der fünfziger und sechziger Jahre, als Nukleus seines Avantgardebegriffs aus der Hand des einzelnen, heroischen und damit genialen Künstlers definiert und für die inhaltliche Konzeption der documenta in vollem Einverständnis mit Arnold Bode mit weitreichenden Folgen geradezu zum Dogma erhebt.

Malerei, Skulptur, Druckgrafik: Zeitliches im Spiegel der Gattungen

Diese inhaltliche Positionierung der 2. documenta, die sich nahezu ausschließlich auf den individuellen Künstler, ja sogar auf das einzelne Werk konzentrierte, das wiederum in der Fülle des Gezeigten unterzugehen drohte[22], stellte die Leitlinien, denen die Verantwortlichen für die Ausstellung folgten, mit aller Schärfe heraus. Der Kreis der Verantwortlichen war mit einem speziellen Ausschuß für Malerei und Skulptur, sowie für die Druckgrafik mit Persönlichkeiten wie Ernst Goldschmidt (Brüssel), Will Grohmann (Berlin), Ernst Holzinger (Frankfurt/Main), Werner Schmalenbach (Hannover), Eduard Trier und Hein Stünke (Köln) kompetent erweitert worden. Besonders mit Eduard Trier – ausgewiesen durch seine erste Gesamtdarstellung zur Skulptur des 20. Jahrhunderts „Figur und Raum"[23] –, verantwortlich für den Bereich Skulptur, und Hein Stünke, Inhaber der Galerie „Der Spiegel" in Köln, mit Werner Schmalenbach verantwortlich für den Bereich Druckgrafik, trat der gattungsspezifische Aspekt für die Darstellung der internationalen zeitgenössischen Kunst noch deutlicher in Erscheinung. Dieses Denken in formalen Kategorien, das zeitkonform keine kunsthistorischen, -theoretischen und damit auch analytischen Fragestellungen aufkommen ließ, war andererseits die Voraussetzung dafür, einer Gattung wie der Druckgrafik erstmals ein internationales Podium zu eröffnen. Zu allen drei Ausstellungsteilen sind einzeln gebundene, mit zahlreichen Abbildungen ausgestattete Kataloge sowie ein broschierter Ergänzungsband ohne Abbildungen als Zusammenfassung erschienen.[24]
Es ist vielfach die Rolle von Hein Stünke im Kontext der documenta – von 1959 bis zur Auflösung auch Mitglied des documenta-Rates – diskutiert und mit Argumenten kritisiert worden, die eine Vermischung der Interessen des Kunsthändlers mit denen des Vermittlers (ob zu Recht oder zu Unrecht, soll hier nicht näher erörtert werden) un-

terstellt haben.[25] Der Katalog „Druckgrafik" zur documenta 2 gibt eindeutig Auskunft darüber, nicht nur wem diese Abteilung zu verdanken, sondern auch mit welchen Absichten die Einbeziehung der Druckgrafik in die internationale Ausstellung der zeitgenössischen Malerei und Skulptur seit 1945 verbunden war. Hein Stünke hat das Konzept in Zusammenarbeit mit international ausgewiesenen Fachleuten auf dem Gebiet der Druckgrafik – u.a. Hans Bolliger (zu der Zeit Klipstein & Kornfeld, Bern), Erhart Kästner (Direktor der Herzog-August-Bibliothek Wolfenbüttel), Willem Sandberg (Direktor des Stedelijk Museums, Amsterdam) und Paul Wember (Direktor des Kaiser Wilhelm-Museums, Krefeld) – erarbeitet. Hierbei ging es nicht nur darum, alle wichtigen druckgrafischen Techniken von den Anfängen bis heute zu berücksichtigen, sondern auch über ein „bisher in Deutschland ziemlich vernachlässigtes Gebiet" möglichst umfangreich und „einigermaßen vollständig" zu informieren.[26]
Die Legitimation von Hein Stünke, diese wichtige Informations- und Vermittlungsaufgabe im Rahmen der documenta zu übernehmen, ergab sich aus seiner eigenen langjährigen und erfolgreichen Arbeit auf diesem Gebiet. Die Galerie „Der Spiegel", schon 1946 in dem noch kriegszerstörten Köln gegründet, hat sich unter der Leitung von Hein und Eva Stünke besonders in den fünfziger und sechziger Jahren neben den Galerien Hertz (Bremen), Springer (Berlin) und Stangl (München) als einzige namhafte Galerie in der Bundesrepublik mit einem eigenen anspruchsvollen Programm von Editionen zeitgenössischer Grafik und bibliophilen Veröffentlichungen im internationalen Kunst- und Grafikmarkt Beachtung und Anerkennung erworben. Diese umfaßten illustrierte Bücher wie auch die inzwischen legendären Kataloge zu den von der Galerie veranstalteten Ausstellungen „Geh durch den Spiegel", die bevorzugt in Zusammenarbeit mit deutschen und französischen Künstlern entstanden. Sie wurden stets in Verbindung mit originalen grafischen Blättern ediert.[27]

Eine Grafikmappe als Beilage zum Katalog der documenta 2

In diesem Zusammenhang ist es aufschlußreich festzuhalten, daß im Katalog „Druckgrafik" neben den 107 Künstlern, die in der Ausstellung mit Originalgrafik oder illustrierten Büchern vertreten sind, 115 Editeure/Verleger genannt werden. Von diesen waren 65 allein aus Frankreich, hiervon 63 in Paris, 19 aus Deutschland in 14 verschiedenen Städten, 13 aus der Schweiz in 7 Städten, 8 aus New York, 4 aus Barcelona, 2 aus London und je ein Verleger aus Rom beziehungsweise Kopenhagen.[28] Dieser Umstand verweist auf das Gewicht, die Rolle und Bedeutung, die die Originalgrafik bevorzugt im Zusammenhang mit illustrierten, meist bibliophilen Büchern, aber auch Zeitschriften in der Vor- und Nachkriegszeit in Frankreich besessen hat.[29] Hier wurden die druckgrafischen Techniken wie Lithografie, Aquatinta-, Kaltnadelradierung, Siebdruck oder Holzschnitt in den fünfziger Jahren zu einer neuen und damit später den Grafikmarkt unglaublich stimulierenden Blüte geführt.
Pablo Picasso, der seit Herbst 1945, wenige Monate nach Ende des Krieges, in Paris bei Mourlot begonnen hat, vor allem mit der

Lithografie sowohl für grafische Zyklen, wie auch für Beiträge zu Künstlerbüchern zu experimentieren, ging wie so oft allen anderen Künstlern voran. Er knüpfte damit nicht nur an seine eigenen früheren druckgrafischen Arbeiten als Frontispize oder Illustrationen zu literarischen Werken seiner Freunde an, sondern hier wurde eine alte Tradition fortgeführt, die bis ins späte achtzehnte und frühe neunzehnte Jahrhundert in England, Frankreich und auch Deutschland zurückreicht.[30] Schon in den zwanziger Jahren haben zahlreiche bildende Künstler wie Henri Matisse, Pablo Picasso, André Derain, Fernand Léger und, aus dem Umkreis der Surrealisten, besonders Max Ernst, André Masson, Joan Miró, Man Ray oder Salvador Dali in Frankreich, aber auch Wassily Kandinsky, Paul Klee, Ernst Ludwig Kirchner, Oskar Kokoschka oder Kurt Schwitters in Deutschland, um nur einige Beispiele zu nennen, mit originalen grafischen Werken, bevorzugt mit Lithografien, Radierungen oder Holzschnitten neben den Autoren gleichberechtigt an entsprechenden Veröffentlichungen mitgewirkt.

Es war und ist ein besonderes Merkmal solcher bibliophiler Werke, daß sie im Rahmen einer Auflage in mehreren Varianten herausgebracht wurden. Dies besagt, daß neben der allgemeinen Auflage in einer beliebig festzulegenden Stückzahl (meist nicht extra nummeriert und häufig in gestaffelten Ausstattungen sowohl hinsichtlich des Papiers als auch der Sondereinlagen) veröffentlicht wurden. Je nach Bedeutung des Autors oder Künstlers und seiner Bereitschaft, an der Herstellung bibliophiler Kunstbücher mitzuwirken, konnten und wurden sie – zum Beispiel die „Histoire Naturelle" von Max Ernst (Köln 1965), die Exemplare 1-5 mit je einer signierten Zeichnung, die Exemplare 6-60 mit je einer signierten Frottage, bei einer Gesamtauflage von 700 nummerierten Exemplaren mit je einer originalen Lithographie, hier als Umschlag – qualitativ anspruchsvoller gestaltet und ediert.[31] Diese gestaffelte Ausstattung wurde besonders in Frankreich entwickelt und gepflegt. Die Galerie „Der Spiegel" hat diese Praxis für ihre Bücher, Kataloge und Editionen nicht nur übernommen, sondern Hein Stünke hat sie in modifizierter Form auf den documenta-Katalog der Druckgrafik in zwei Varianten übertragen. Dem allgemeinen Katalog mit den Künstler- und Werkangaben sind auf gesondertem Papier ganz-, respektive doppelseitige farbige Abbildungen von Grafiken in verschiedenen Techniken vorangestellt. Zusätzlich wurden dem Katalog wie in einer bibliophilen Sonderausgabe, hier allerdings mit offenbar didaktischem Anspruch, originale Grafiken in verschiedenen Techniken in einer separaten Mappe beigefügt: ein Holzschnitt von HAP Grieshaber, eine Radierung von Hann Trier, eine Lithografie von Max Ernst und ein Siebdruck von Victor Vasarely.[32] Aufgrund der offenbar großen Nachfrage, da auch als Gastgeschenk für wichtige Besucher der Ausstellung geeignet, wurde eine zweite Mappe in gleicher Ausstattung und Auflage nachgereicht. Sie enthielt einen Holzschnitt von Ernst Wilhelm Nay, eine Radierung von Joan Miro, eine Offsetlithografie von Pierre Soulage und einen Siebdruck von Berto Lardera.[33]

Arnold Bode und Werner Haftmann haben für die inhaltliche Konzeption der 2. documenta Konsequenzen aus den Erfahrungen von 1955 gezogen und sich vor allem auf die aktuelle abstrakte Kunst in Arbeiten von Künstlern der mittleren und jüngeren Generationen konzentriert. Doch durch die Abteilung Druckgrafik erhielt sie einen ganz anderen und neuen Akzent. Er wurde noch zusätzlich dadurch unterstrichen, daß der Malerei und Skulptur im Sinne der „Kontinuität" der künstlerischen Entwicklungen „Die Argumente der Kunst des XX. Jahrhunderts", „Die Lehrmeister der Kunst des XX. Jahrhunderts" sowie „Wegbereiter der Skulptur des XX. Jahrhunderts" vorangestellt wurden. Mit der Druckgrafik trat unversehens und überraschend ein künstlerisches Medium in das Bewußtsein einer Öffentlichkeit, die darauf nicht vorbereitet war. Nach den Jahren der Isolation, der schweren persönlichen und dinglichen Verluste durch den 2. Weltkrieg und die mit ihm verbundenen, von ihm herbeigeführten existentiellen geistigen und physischen Entbehrungen, konnte der kunstinteressierte Bürger hier für sich ein neues Terrain entdecken. Dieses war bisher in Deutschland noch weitgehend unbekannt geblieben, in anderen europäischen Ländern jedoch schon längst entwickelt. Kunst zu sammeln und zu besitzen, ist der eine Aspekt, Gemälde oder Skulpturen zu erwerben ein anderer. Dem gegenüber eröffneten druckgrafische Werke und/oder Kleinplastiken von namhaften internationalen Künstlern eine preisgünstige Alternative für den entdeckungsfreudigen Sammler.[34]

„Kunst ist das, was bedeutende Künstler machen." (Haftmann)

Was aber sollte vor dem Hintergrund dieser Umstände eine documenta 3 zeigen? Im Widerstreit der Meinungen setzten sich wieder Arnold Bode und Werner Haftmann mit ihren Auffassungen durch. In Fortführung der vorangegangenen Ausstellungen bezogen sie eine klare Position. Der documenta 3 „liegt der einfache Leitsatz zugrunde", so Werner Haftmann in seiner Einführung, „daß Kunst das ist, was bedeutende Künstler machen. Sie setzt auf die einzelne Persönlichkeit. Ihr kommt es auf die Reihung von Schwerpunkten an. Ohne vorgefaßte Absicht der Verknüpfung stellt sie Werk neben Werk, Individualität neben Individualität".[35] Auch wenn diese gänzlich ahistorische, allein die ästhetischen Kriterien betonende Betrachtungsweise heute kaum mehr nachvollziehbar scheint, hat doch Arnold Bode ihr nicht nur den architektonischen Rahmen gegeben, sondern mit dem Anspruch eines „Museums der 100 Tage" die inhaltlichen Referenzebenen verschoben. Wie kann, soll und muß zeitgenössische Kunst in Bezug zum Begriff Museum gesehen, verstanden und neu interpretiert werden? Arnold Bode hat diese Fragen mit den Argumenten der Inszenierung der Kunst als einer „Kunst der Inszenierung"[36] beantwortet. Mit der documenta 3 versuchten Bode und Haftmann inhaltlich eine Synthese zu formulieren. Dabei rückten sie den einzelnen Künstler demonstrativ in neuen Raumkonzepten in den Mittelpunkt.

Unabhängig davon trat statt der Druckgrafik nun eine „Ausstellung der modernen Handzeichnung" an die Seite pointierter Aspekte der klassischen Moderne und der zeitgenössischen Kunst von Künstlern, die „wir als repräsentativ für die Gegenwart ansehen" (Haftmann). Mit ihr hat Werner Haftmann als der verantwortliche Kurator die kunsthistorische Komplexität und Vielschichtigkeit der modernen Kunst vom Impressionismus bis in die unmittelbare Gegenwart in einer bis dahin nie gezeigten Vollständigkeit ausgebreitet. Sie war verbunden mit dem Anspruch, hier den „Grundriß und das Fundament der documenta III" (Haftmann) zu legen. Es kann hier nicht darum gehen, diesen Anspruch und die Tendenzen einer Kunstanschauung zu kommentieren, die sich primär auf Aspekte der Kontinuität formaler, ästhetischer Prinzipien in der Kunst beruft, wie Werner Haftmann sie darlegte, nicht aber auf ihre historischen, strukturellen und philosophischen Merkmale. Beide Momente

zeigen aber die verschiedenen Wege auf, denen Werner Haftmann als Kunsthistoriker und Arnold Bode als Künstler und Raumgestalter folgten.

documenta-Foundation: der Ausgangspunkt

Auf der einen Seite ging es um neue Präsentations- und Installationsformen von zeitgenössischer Kunst im Rahmen einer Ausstellung, auf der anderen Seite darum, dem Anspruch eines „Museums der 100 Tage" gerecht zu werden. Zwischen inhaltlichem Anspruch und den ökonomischen, organisatorischen und technischen Realitäten öffnete sich eine scheinbar unüberbrückbare Schere.
1959 stand die Druckgrafik als Gattung und vielseitiges künstlerisches Medium überraschend im Mittelpunkt des Interesses. Seitdem fanden die Grafik, Kleinplastik, illustrierte Bücher und mit ihr die Auflagen und Editionen von internationalen Verlegern auch in Deutschland viel Aufmerksamkeit und Interesse. Nicht zuletzt erlebten die Jahresgaben der Kunstvereine seit Anfang der sechziger Jahre einen ungeahnten Aufschwung in Angebot und Nachfrage.
Vor dem Hintergrund der absehbaren finanziellen Engpässe schon während der Vorbereitung der documenta 3, die wegen vieler Schwierigkeiten von 1963 auf 1964 verschoben werden mußte, und der neuen Entwicklungen auf dem internationalen Grafikmarkt scheint es müßig, sich darüber auseinanderzusetzen, wer zuerst die Idee und die Anregung gegeben hat, eine Edition mit graphischen und plastischen Arbeiten herauszugeben. Aus dem Kreis des documenta-Rates soll sich Kurt Martin als erster für eine solche Initiative ausgesprochen haben.[37] Andererseits legt der Katalog „Druckgrafik" zur 2. documenta mit den originalen Grafikbeilagen, die so großen Zuspruch gefunden haben, die Vermutung nahe, daß Hein Stünke den Vorschlag gemacht hat, nunmehr, auch aufgrund seiner eigenen langjährigen Erfahrungen auf diesem Gebiet, eine umfangreichere Edition von Grafiken und Kleinplastiken zur finanziellen Unterstützung der documenta 3 zu planen und vorzubereiten.

Künstler als Sponsoren

Um eine solche Edition in relativ kurzer Zeit realisieren zu können, mußten Mittel, Wege und Künstler gefunden werden, die bereit waren, auch ohne die unmittelbare Mitwirkung der sie vertretenden Galerien, also ohne den Handel, eine Arbeit als Stiftung für die documenta zur Verfügung zu stellen. Hier kamen darum nur solche Künstler infrage, die nicht nur zur Ausstellung 1964 eingeladen waren, sondern möglichst auch schon 1955 und 1959 teilgenommen hatten.
Ein solcher Gedanke, daß sich Künstler selbst für die Institution engagieren, die ihnen eine Ausstellungsmöglichkeit bietet, war in Deutschland bis dahin unüblich, hingegen aber besonders in Frankreich eine viel geübte Praxis. Hier mußten die Künstler vielfach, um in einer Galerie, bevorzugt natürlich in Paris, dem Mekka der internationalen Kunstwelt, ausstellen zu können, zu dürfen (!), die Raummiete, Plakat und Einladungskarte selbst bezahlen oder durch eine Grafik-Edition zu Gunsten der Galerie mitfinanzieren. Dies erklärt, warum in Frankreich und vor allem in Paris so viele Verleger von Grafik-Editionen ansässig waren, die zugleich eine Galerie betrieben haben.[38] Es spricht einiges dafür, daß Max Ernst, mit dem Hein und Eva Stünke schon seit vielen Jahren zusammengearbeitet und den Weg für seine künstlerisch versöhnliche Rückkehr nach Deutschland mit der ersten Ausstellung seiner Werke 1951 in Brühl geebnet hatten, aus eigener langjähriger Erfahrung die entscheidende Anregung für den Stiftungsgedanken gegeben hat.
Unstrittig ist, daß der Beschluß für diese Initiative April 1964 im documenta-Rat ge-

faßt wurde. Hieraus ergaben sich sofort eine Vielzahl von Fragen, die es bis zur Eröffnung am 27. Juni, also in einer Frist von nur knapp drei Monaten, nicht nur zu lösen, sondern auch inhaltlich zu bewältigen galt. Wie bei einem 'work in progress' haben die fachkompetenten Mitglieder des documenta-Rates gemeinsam die Aufgabe übernommen, abzuklären, wer sich von den infrage kommenden Künstlern zu einer Stiftung bereitfand. So hat sich etwa Arnold Bode, der natürlich die meisten Künstler persönlich kannte, in Verbindung mit dem von ihm initiierten und betreuten Programm „ars porcellana – rosenthal relief reihe" zum Beispiel bei Etienne Hajdu, Otto Herbert Hajek, Karl Hartung, Zoltan Kemeny, Fritz Koenig, Ben Nicholson, Fritz Wotruba sowie über die Galerie Springer (Berlin) bei George Rickey oder über Graf Metternich bei Henry Moore für die Edition eingesetzt. Entsprechend vermittelte Werner Haftmann bei Marino Marini, Alfred Hentzen bei Alexander Calder und Hein Stünke vor allem bei „seinen" Künstlern, wie Karel Appel, Hans Arp, Max Ernst, Josef Faßbender, Ruprecht Geiger, HAP Grieshaber, Anton Heyboer, Hundertwasser, Richard Mortensen, Ernst Wilhelm Nay, Hann Trier, Heinz Trökes, Victor Vasarely und über die befreundeten Pariser Galerien Creuzevault bei Kumi Sugai und Denise Renée bei Agam. Karl Gutbrod, mit Ernst Brücher zu der Zeit Leiter des Verlages DuMont Schauberg Köln, verantwortlich für die Kataloge zur documenta 1959 und 1964, hat einen nachgelassenen Stein von Willi Baumeister im Einverständnis mit Frau Baumeister für die Herstellung einer Lithographie bereitgestellt. Nahezu alle um eine Stiftung angesprochenen Künstler haben an den drei Ausstellungen der documenta 1955, 1959 und 1964 teilgenommen. Lediglich Appel, Geiger, Hajdu, Hajek, Heyboer, Kemeny, Koenig, Penalba und Sugai waren 1959 und 1964 und nur Agam, Hundertwasser und Rickey auf der documenta 3 vertreten.[39]
Die Künstler, die angesprochen wurden, haben sich bis auf wenige Ausnahmen bereiterklärt ein Werk zu stiften oder mit einer Arbeit beizutragen, die in einer Auflage ediert und während der Dauer innerhalb der Ausstellung verkauft werden sollte. Manche Künstler – wie Karel Appel, Hans Hartung oder Alicia Penalba – waren nicht nur sehr überrascht, sondern haben sich auch kritisch dazu geäußert, in dieser Form als Teilnehmer der documenta 3 angesprochen zu werden.[40]

Formalisierung einer Selbsthilfeinitiative

Herbert von Buttlar, mit Arnold Bode von Anfang an bei der documenta engagiert, 1955 Sekretär und Mitglied der Ausschüsse 1955/1959 wie auch des documenta-Rates 1964, übernahm 1964 nach dem plötzlichen Tod von Karl-Heinz Nowotny als Sekretär kurzfristig erneut diese zentrale Aufgabe. Das Sekretariat war das Herz der Ausstellung. Hier liefen sämtliche Fäden zusammen, wurde die gesamte Organisation koordiniert, alle vom documenta-Rat getroffenen künstlerischen, personellen und wirtschaftlichen Entscheidungen umgesetzt, die Kontakte zu den Künstlern, Sammlern und Leihgebern hergestellt und diese während ihres Aufenthaltes in Kassel betreut sowie die technischen Maßnahmen vom Beginn des Aufbaus bis zur Eröffnung der Ausstellung vorbereitet, eingeleitet und durchgeführt.
Während die Foundation noch in statu nascendi begriffen war, hat sich Herbert von Buttlar an die Spitze der Idee gestellt, eine Edition für die documenta 3 zu realisieren und die Initiative in Zusammenarbeit mit Hein Stünke ergriffen, quasi von offizieller Seite als Sekretär der Ausstellung die ersten Kontakte zu den Künstlern herzustellen, die von den einzelnen Mitgliedern des documenta-Rates vorbereitet waren. Aus dem anfänglich „documenta-Stiftung" genannten Projekt wuchs sehr schnell ein Unternehmen, das nach einer korrekten rechtlichen Form verlangte. Es sollte darum eine Gesellschaft gegründet werden, die

unabhängig von der documenta handeln und doch als ein integraler Bestandteil verstanden werden konnte. Hier lag es nahe, neben der Trägergesellschaft der documenta in der Rechtsform einer GmbH einen Förderverein in der Rechtsform eines Mitgliedervereins zu gründen. Als Vorbild konnten die schon seit Anfang des neunzehnten Jahrhunderts vor allem in Deutschland entstandenen, von kunstinteressierten Bürgern ins Leben gerufenen Kunstvereine herangezogen werden. Diese wurden und werden bis heute satzungsgemäß von der Mitgliederversammlung, dem Vorstand und mit Bezug auf den für die documenta geplanten Verein von einem Kuratorium getragen. Um dem internationalen Anspruch und Tätigkeitsbereich des neuen Vereins Rechnung zu tragen, wurde der Name „documenta-Foundation e.V." in Anlehnung an amerikanische Vorbilder gewählt, die vielfach als Fördergesellschaften für kulturelle Einrichtungen international engagiert waren.

Dem Vorstand gehörten neben der üblichen Verfaßtheit hier als Besonderheit ein Vertreter des Aufsichtsrates der documenta GmbH an. Damit war auch die formelle Verknüpfung mit der documenta eindeutig geregelt. Um in der Kürze der Zeit, die für die Vorbereitung einer Edition zur Verfügung stand, arbeiten zu können, wurde ein Gremium als vorläufiger Vorstand berufen, den es mit dem Gründungsakt zu bestätigen galt. Vorsitzender wurde Herbert von Buttlar, Stellvertreter Hein Stünke, Kassenwart Theodor Ascher (gleichzeitig Geschäftsführer der documenta GmbH), Schrift- und in Personalunion Geschäftsführer der documenta-Foundation Andreas Vowinckel, Beisitzer Henning Rasner und Christoph Vowinckel sowie als Vertreter des Aufsichtsrates der documenta-GmbH der Oberbürgermeister der Stadt Kassel, Karl Branner. Aus der Zusammensetzung des vorläufigen Vorstandes ergab sich auch die Aufgabenverteilung. So wurde der Autor als Schrift- und Geschäftsführer Ende April 1964 beauftragt, in enger Zusammenarbeit mit Herbert von Buttlar und vor allem mit Hein Stünke die „Edition '64" organisatorisch und technisch vorzubereiten.

„Edition '64"

Das Engagement der Mitglieder des documenta-Rats hat letztendlich dazu geführt, daß insgesamt 36 Künstler einen Beitrag zur „Edition '64" geleistet haben.[41] Von diesen haben Lynn Chadwick, Otto Herbert Hajek, Karl Hartung, Zoltan Kemeny, Marino Marini, Ben Nicholson, Alicia Penalba und Fritz Winter je ein Einzelwerk in Form einer Skulptur oder eines Gemäldes gestiftet. Für die Grafik- und Skulpturenedition haben insgesamt 25 Künstler mit entsprechenden Werken beigetragen: Yaacov Agam, Karel Appel, Hans Arp, Alexander Calder, Willi Baumeister Nachlaß, Piero Dorazio, Max Ernst, Joseph Faßbender, Rupprecht Geiger, HAP Grieshaber, Hans Hartung, Anton Heyboer, Hundertwasser, Henry Moore, Richard Mortensen, Ernst Wilhelm Nay, Serge Poliakoff, George Rickey, Pierre Soulages, Kumi Sugai, Emil Schumacher, Hann Trier, Heinz Trökes, Victor Vasarely, Fritz Wotruba.

Die meisten Künstler arbeiteten am liebsten mit der traditionellen Tiefdrucktechnik, der Aquatinta- und/oder Kaltnadelradierung. Andere bevorzugten den ebenso beliebten Hochdruck, die Lithografie, während nur wenige die neu entwickelte Technik des Siebdrucks für die Gestaltung ihrer Bildkompositionen angewandt haben, überwiegend in Auflagen von je 100 Exemplaren. Für die Skulpturen besaß der klassische Bronzeguss nach wie vor Priorität. Demgegenüber haben Hans Arp ein Alu-/Kupferrelief und George Rickey eine mobile Skulptur beigesteuert, deren Material, das gefaltete und geschliffene Stahlblech, selbst zum Objekt der künstlerischen Konzeption und bildnerischen Wirkung gehörte. Darüber hinaus wurden von Etienne Hajdu, Fritz Koenig, Ben Nicholson und Victor Vasarely je eine Maquette im Rahmen

der von Arnold Bode angeregten „ars porcellana" der „rosenthal relief reihe" für die Foundation gestaltet.
Für die Herstellung der Grafiken und Skulpturen verblieben gerade knapp zwei Monate. Darum wurden die Künstler gebeten, ihre Grafikauflagen direkt bei den Druckern herstellen zu lassen, mit denen sie schon immer zusammengearbeitet haben. Es galt jedoch mit beiden Partnern die Auflagen im Einzelnen sowohl drucktechnisch als auch hinsichtlich der Auflagenhöhen einschließlich der Künstleranteile und ihrer wirtschaftlichen Abrechnungen abzustimmen, zu vereinbaren und letztendlich bis zur Eröffnung der Ausstellung vor Ort bereitzustellen. Doch nicht alle beteiligten Künstler wollten diesen Weg beschreiten, sondern übergaben persönlich oder stellten – wie Agam, Arp, Hajdu und Hundertwasser – über ihre Galerie eine Zeichnung oder eine andere Vorlage zur Vervielfältigung zur Verfügung. Zwei Editionen in Form von Grafikkassetten wurden in direkter Zusammenarbeit mit der Galerie „Der Spiegel" als gemeinschaftliche Projekte realisiert: HAP Grieshabers „Scherben" und die „Planetarische Folklore" von Victor Vasarely. Auch wenn nicht alle gestifteten und in Editionen vervielfältigten Werke bis zur Eröffnung der documenta 3 am 27. Juni 1964 vollständig zur Verfügung standen – dies galt besonders für die Porzellan-Reliefs –, so konnten doch alle zumindest in Einzelexemplaren gezeigt und für den Verkauf angeboten werden.
Wir schreiben das Jahr 1964. Erstmals wurde in einer Kunstausstellung zumindest in Deutschland, lange bevor der Museumsshop sich durchzusetzen begann, in dem von Arnold Bode definierten „Museum der 100 Tage" außer einem Stand für das Katalogangebot auch ein Kabinett zum Verkauf der „Edition '64" der documenta-Foundation eingerichtet. Es wurde mit seinen Grafiken und Skulpturen mitten in der Ausstellung, genauer im 2. Obergeschoss der Rotunde des Museum Fridericianum, zu einem Blickfang, den viele Besucher auf ihrem Rundgang durch die Ausstellung dankbar angenommen, zum Verweilen und nicht zuletzt zum Erwerb einer oder vielfach auch mehrerer Werke genutzt haben.

Eine Erfolgsgeschichte:
Ursache und Wirkung

Der Erfolg dieser Initiative, die ursprünglich vom documenta-Rat ausging und in der documenta-Foundation mit ihren Editionen Gestalt angenommen hatte, gründete auf Gegebenheiten, die nicht erst mit der documenta 3 ihre positive Wirkung entfalten konnten. Vielmehr fand hierin ein Denken seine äußerliche, materielle Anerkennung, das schon von der documenta 1955, besonders aber 1959 und explizit 1964 auch von den Verantwortlichen der Ausstellung vertreten worden war. Seit der documenta 1955 ging es Arnold Bode, Werner Haftmann und den anderen Mitgliedern der Ausschüsse und des documenta-Rates in erster Linie darum, dem einzelnen Künstler, seiner Persönlichkeit, seinem Werk, das bewußt außerhalb seiner spezifischen gesellschaftlichen Rahmenbedingungen gesehen wurde, zum Durchbruch zu verhelfen. Arnold Bode hat seine Auffassung in dieser Hinsicht ganz klar zum Ausdruck gebracht: „Daher versuchen wir nun, Räume zu schaffen und Raumbezüge herzustellen, in denen Bilder und Plastiken sich entfalten können, in denen sie sich nach Farbe und Form,

nach Stimmung und Strahlkraft steigern und verströmen."[42] Es geht um die ästhetische Dimension der Kunst und damit um einen Kunstbegriff, dessen Anspruch die uneingeschränkte Selbstverwirklichung des Künstlers ist, die von den Nazis mit Füßen getreten worden war. Für die kunstinteressierten Besucher der documenta-Ausstellungen erfüllte sich gerade in diesem Anspruch und Selbstverständnis ihre eigene Haltung gegenüber der Aufgabe und Funktion von Kunst und Kultur in der Gesellschaft in den fünfziger und frühen sechziger Jahren. Sie befriedigte ihre Erwartungen an eine Ausstellung, die ihnen vor allem ästhetische Werte näher bringen sollte. Daneben trat 1959 zumindest in Deutschland die (Wieder-)Entdeckung der Originalgrafik und der Kleinplastik als einer je eigenständigen, autonomen Kunstform, denen sich bedeutende Werkzyklen von Künstlern aller Stile und Epochen der Moderne bis in die unmittelbare Gegenwart verdankten. Seit 1959 öffneten sich die Schleusen für diese Gattungen. Kunstinteressierte fanden auch mit einem kleinen Budget Mittel und Wege, um für sich ohne jede staatliche oder gesellschaftliche Bevormundung Werke von hoher ästhetischer, formaler und inhaltlicher Qualität je nach dem eigenen Geschmack zu erwerben. Die documenta-Foundation bestätigte darum mit ihrer „Edition '64" eine aktuelle Entwicklung auf dem Kunst- und Grafikmarkt, die Sammlern neuen Auftrieb gegeben und einer jungen Generation Mut zum Risiko gemacht und so den Weg zur Kunst und zum Aufbau einer eigenen Sammlung von grafischen Arbeiten internationaler Künstler von der klassischen Moderne bis in die Gegenwart geebnet hat. Inhaltlich folgte die „Edition '64" den vorherrschenden künstlerischen Trends, die immer noch vom Abstrakten Expressionismus und deutschen Informel geprägt waren. Aber sie propagierte auf der Bühne der documenta, wie die Ausstellung selbst, nicht nur die besondere ästhetische Qualität eines Kunstwerks, sondern ebenso die großen Namen, den Künstler als Star, wie er mit seinen Inszenierungen von Arnold Bode in Erscheinung treten konnte.

Tatsächlich konnte die Foundation mit den Erlösen aus der „Edition '64" einen wichtigen Beitrag zur erfolgreichen Durchführung der documenta 3 leisten.[43] Hinsichtlich der Erschließung von zusätzlichen Finanzierungsquellen, -mitteln und -möglichkeiten hat die documenta-Foundation Modellcharakter. Der Umstand, daß ausschließlich Künstler angesprochen wurden, die an der Ausstellung jeweils selbst mit Werken vertreten waren, gibt der Foundation zumindest in Bezug auf die „Edition '64" den Charakter einer Selbsthilfeinitiative, die allerdings nicht einem selbst verantworteten, sondern einem staatlich geförderten Projekt zugute kam. Trotzdem wurde schon mit der documenta-Foundation der Gedanke der Förderung solcher Vorhaben in den sechziger Jahren als Weg und Möglichkeit erkannt, Verantwortung für etwas mit zu übernehmen, wovon man zugleich profitieren konnte in einem gesellschaftlichen Umfeld, das zu der Zeit noch ganz von den ausufernden Impulsen des erfolgreichen Wiederaufbaus, der Vollbeschäftigung und des deutschen Wirtschaftswunders geprägt war.

Während in den siebziger Jahren Selbsthilfeinitiativen von Künstlern in Gestalt von unabhängigen, alternativen Einrichtungen wie Galerien, Künstlerhäusern und Ausstellungsforen mit teilweise ganz unkonventionellen Finanzierungsmodellen immer größere Bedeutung gewonnen hatten, fand das Modell der Förderung eines bestimmten kulturellen Vorhabens durch bildende Künstler mit entsprechenden Editionen in großem Maßstab anläßlich der Olympiade 1972 in München eine erste überaus erfolgreiche Nachahmung. Die Notwendigkeit, zusätzliche Finanzierungsmöglichkeiten für die Durchführung von kulturellen Projekten wie Kunstausstellungen zu erschließen, wurde wohl nie ernsthaft bestritten. Allerdings hat sie erst mit dem schrittweisen Rückzug der öffentlichen Hand neue Bedeutung in Gestalt von Sponsoren aus der Wirtschaft und Industrie gewonnen, die in den achtziger und neunziger Jahren bis heute aus anderen Motiven die nachhaltige ökonomische, publizistische und werbewirksame Effizienz solcher Förderinitiativen erkannt haben und darum mit einem entsprechenden Engagement für sich nutzbar zu machen versuchen.

Satzung der „documenta-Foundation e.V.": Partner der documenta GmbH

Die Foundation arbeitete im Vorfeld und während der Dauer der documenta 3 mehr oder weniger in einem selbstgestellten Auftrag. Der Verein erhielt mit der Satzung, die von der Mitgliederversammlung wenige Wochen nach Beendigung der Ausstellung am 27. Oktober 1964 beschlossen und dann ins Vereinsregister der Stadt Kassel eingetragen wurde, eine klare rechtliche Grundlage. Sie entsprach in wesentlichen Punkten den üblichen vorgeschriebenen Elementen einer Vereinssatzung. Unter § 2, 1 wurde sein Zweck wie folgt beschrieben:
„(1) Zweck des Vereins ist die Förderung der Allgemeinheit auf kulturellem Gebiet, insbesondere die Förderung der bildenden Künste,
a) durch Veranstaltung von Ausstellungen, in denen Gemälde, Plastiken, Zeichnungen, Graphik und andere Werke moderner Kunst der Allgemeinheit zugänglich gemacht werden;
b) durch Edition und durch Verbreitung von Werken der modernen Kunst.
(2) Der Verein dient ausschließlich und unmittelbar gemeinnützigen Zwecken im Sinne der Gemeinnützigkeitsverordnung vom 24. Dezember 1953. Er verfolgt keinerlei wirtschaftliche Ziele."[44]
Die Zweckbestimmung der documenta-Foundation e.V. war eindeutig. Weniger klar war, ob ihre Geschäftstätigkeit vor und während der documenta 3 schon der Gemeinnützigkeitsverordnung entsprach, der sie sich verpflichtet fühlte. Dies wurde vor allem durch den wirtschaftlichen Erfolg, der erzielt werden konnte, zunächst von den Steuerbehörden infrage gestellt. Tatsächlich konnte aber diese Frage, die für die Existenz und die zukünftigen Aufgaben des Vereins von entscheidender Bedeutung war, einvernehmlich und positiv gelöst werden.
Die steuerrechtliche Anerkennung der Zweckbestimmung des Vereins schuf die Grundlagen und Voraussetzungen für eine gänzlich andere Stellung der documenta-Foundation e.V. gegenüber der documenta GmbH als Veranstalter der Ausstellungen. Es konnte nun nicht mehr darum gehen, wie wohl ursprünglich vor allem von Arnold Bode so gewünscht, die Foundation nur als Sponsor zu begreifen, der möglichst umfangreiche Mittel zur Finanzierung der documenta-Ausstellungen bereitstellt. Vielmehr wurde die Foundation nun Partner, dessen satzungsgemäße Aufgabe darin bestand, selbst als Veranstalter von Ausstellungen tätig zu werden. Dies konnte nur für Ausstellungen gelten, die innerhalb des Konzeptes der documenta selbst zu realisieren waren. Darin bestand ihre ursächliche Legitimation. So war es nur folgerichtig, daß auch offiziell Vertreter der Foundation in Zukunft bei allen Planungen von vornherein mit einbezogen wurden, obwohl dies durch die Mitwirkung von Herbert von Buttlar (Vorsitzender) und Hein Stünke (Stellvertretender Vorsitzender der Foundation) als Mitgliedern des documenta-Rates schon gewährleistet war. Dieser Aspekt galt darum mehr dem Geschäftsführer der Foundation, der von nun an in die aktuellen Beratungen mit einbezogen wurde.

documenta-Foundation und 4. documenta

Die Planungen für eine 4. documenta setzten schon 1965 ein. Doch zwischen 1964 und 1968 hatte sich die internationale Kunstlandschaft entscheidend gewandelt. Die maßgeblichen kreativen Impulse gingen nicht mehr von Paris aus, sondern fanden in einer zunehmend kultur-, medien- und darum auch konsum- und gesellschaftskritischen Kunstsprache ihren Ausdruck, die von englischen, vor allem aber von jungen amerikanischen Künstlern um Jasper Johns und Robert Rauschenberg – wie Jim Dine, Robert Indiana, Roy Lichtenstein, James Rosenquist, Andy Warhol, Tom Wesselmann – oder Claes Oldenburg und George Segal formuliert wurde. Auch wenn Robert Rauschenberg mit seinem mehrteiligen Werk „Axle" (1964), in dem er mit gesellschaftskritischen Anspielungen die Ermordung von Präsident Kennedy 1963 thematisierte, und Jasper Johns mit drei Arbeiten von Anfang der sechziger Jahre auf der documenta 3 vertreten waren, sind den Verantwortlichen die weitreichenden Veränderungen und der Wechsel des Kunstklimas mit seiner Ortsverlagerung von Paris nach New York weitgehend entgangen.
Schon Anfang April 1965 hatte sich in Berlin ein neuer „Arbeitsausschuß documenta IV" unter Leitung von Arnold Bode konstituiert. Offenbar ohne Kenntnis dieser neuen Konstellationen wurde für die nächste Ausstellung das Thema festgelegt: „documenta IV – Kunst und Architektur der Welt"[45]. Sie sollte nach folgenden Gesichtspunkten entwickelt werden: 1. Charakteristische Beispiele der Kunst der Vergangenheit (Prähistorie, frühe Kunst des orientalischen, griechischen und nordischen Kulturkreises in ihrer aktuellen Beziehung zur Kunst der Gegenwart, 2. Die Kunst in der Welt 1968 in den Abteilungen Malerei, Handzeichnungen, Bildhauerei, Grafik, Kinetische Kunst und Mischformen unter besonderer Berücksichtigung auch 'unbekannter Länder', 3. Architektur – Städtebau mit a. historischem Überblick und b. Ergebnissen eines internationalen Wettbewerbs Kassel-Auepark mit dem Ziel einer strukturellen Erweiterung des Zentrums einer Großstadt.[46]
Dieses erste Konzept für eine 4. documenta folgte noch den Prinzipien gattungsspezifischer Betrachtungsweisen auf der Grundlage eines „vergleichenden Sehens", das nach Bode davon ausgeht, „daß die Kunst zu allen Zeiten vergleichbare Beweggründe hat, die unser vergleichendes Urteil möglich machen"[47]. Angesichts der Studentenbewegungen in den USA ebenso wie in Europa und den damit verbundenen gesellschaftlichen Veränderungen mußten ein solches Denken und die damit verbundenen Planungen obsolet erscheinen.
Nicht zuletzt kam dies in einem Generationswechsel der Künstler wie auch der Vermittler zum Ausdruck. Sie sollten und mußten bei der zukünftigen Planung einer weiteren documenta Berücksichtigung finden. Schon in der ersten Liste für einen neu zu berufenden documenta-Rat von April 1965 wurden zahlreiche jüngere Mitglieder mit dem Hinweis vorgeschlagen, „um neue Erfahrungen und neue Partner in die Arbeit der documenta einzubeziehen"[48]. Während Will Grohmann, Werner Haftmann, Alfred Hentzen und nach strittigen Auseinandersetzungen Werner Schmalenbach und Fritz Winter ausgeschieden waren, wurden außer mit Werner Düttmann und Dietrich Helms neun der Jüngeren, die schon von dem Arbeitsausschuß und Arnold Bode vorgeschlagen wurden, berufen.[49] Dennoch offenbarte die 4. documenta grundlegende Widersprüche in den Kunstauffassungen. Sie wurden nicht nur in der Zusammensetzung des Rates faßbar, in dem sich mit der Konfrontation rückwärts- und vorwärts gewandter Positionen ein Generationskonflikt abspielte, sondern kamen vor allem auch in der formalen Struktur und dem inhaltlichen Konzept der Ausstellung selbst zum Ausdruck. Diese folgten weiterhin den von Bode und Haftmann vorgeprägten gattungsspezifischen Kritierien, angesichts von Kunstlandschaften in den USA und Europa, die sich in einem Prozeß tiefgreifender Ver-

änderungen befanden. Es ging nicht mehr nur um Gemälde, Skulpturen, Handzeichnungen oder Grafik, sondern um die Ablösung vom Bild und die Öffnung in den Raum, um die Erschließung des Raumes als künstlerischem Handlungsfeld in Form von Installationen, die ihn ganz für sich in Anspruch nehmen und somit als künstlerische Kategorie jenseits einer Figur, die Raum an sich bindet, definieren.

documenta-Foundation und das „Ambiente"-Programm

Auf der Suche nach Orientierung, nach geeigneten Konzepten für die Ausstellung wurden Arbeitsausschüsse für Malerei, Plastik, Grafik/Objekte, Information, Organisation und „Ambiente" gebildet. Außer den 17 kompetenten Mitgliedern des documenta-Rates wurden einige Gastkuratoren wie Willi Bongard, Jürgen Harten (Sekretär der 4. documenta) und Werner Spies zur Mitwirkung in den Arbeitsausschüssen eingeladen. „Ambiente" taucht hier zum ersten Mal als ein neuer Begriff für eine Kunstpraxis auf, die raumbezogen arbeitet.[50] Vorsitzender des „Ambiente"-Arbeitsausschusses war Herbert von Buttlar. Im Verlauf der vorbereitenden Sitzungen und Diskussionen über die inhaltliche Ausrichtung der documenta 4 kristallisierten sich der Wunsch und die Absicht heraus, den bisher vernachlässigten Aspekten der internationalen Kunstentwicklung Rechnung zu tragen und die „Kunst 1968" in den Mittelpunkt zu rücken.[51]

Die Zweckbestimmung der Foundation verlangte, daß ihr ein spezifischer Bereich der geplanten neuen Ausstellung zur selbständigen verantwortlichen Durchführung übertragen wird. Auch wenn dies sicher nicht den Intentionen von Arnold Bode entsprach, der als Ausstellungsleiter die Gesamtplanung und -verantwortung weiterhin für sich in Anspruch nahm, sollte, ja mußte der Foundation ein solcher Handlungsrahmen eingeräumt werden, sollte sie entscheidend an der Finanzierung der documenta beteiligt bleiben und entsprechend mitwirken. Weder die Abteilungen Malerei, Plastik oder Graphik/Objekte konnten so übersichtlich voneinander abgegrenzt werden, daß ihr Umfang für die Foundation überschaubar und damit als eigener Ausstellungsbereich finanzierbar blieb. Hier schien der von Jean Leering eingebrachte Vorschlag für ein „Ambience/Ambiente"-Programm, der für die documenta eine neue, weil unbekannte Herausforderung darstellte, den geeigneten Rahmen zu bieten. Herbert von Buttlar hat darum diesen Aspekt im Einvernehmen mit dem documenta-Rat dem Vorstand der Foundation als Tätigkeitsfeld vorgeschlagen.

Für die Geschäftsführung der Foundation eröffnete sich damit ein doppeltes Arbeitsfeld. Einerseits sollte von ihr das „Ambiente"-Programm realisiert und andererseits die Edition zu ihrer Finanzierung vorbereitet und zur 4. documenta während der Dauer der Ausstellung präsentiert und zum Verkauf angeboten werden. Der Arbeitsausschuß „Ambiente" stellte, wie auch die anderen Ausschüsse Vorschlagslisten von Künstlern zusammen, die für diese und die anderen Abteilungen möglicherweise infrage kommen und eingeladen werden sollten. Wie diese Listen im Einzelnen zustande gekommen sind, kann und soll hier nicht näher untersucht werden. Unbestreitbar

war und ist, daß von Seiten des internationalen Kunsthandels versucht wurde, hierauf direkt oder indirekt über die Mitglieder der Ausschüsse ebenso wie als Interessenvertreter der Künstler und im Rahmen von Leihgaben, Einfluß zu nehmen. Entgegen der bisher geübten Praxis sollten alle Ausstellungsvorschläge von speziellen Kommissionen nach Besuchen bei den Künstlern in ihren Ateliers, in Galerien, Museen und bei privaten Leihgebern geprüft und wenn möglich die Werke schon im Einzelnen ausgesucht werden. Die Foundation war entweder durch Hein Stünke oder ihren Geschäftsführer oder durch beide in den Kommissionen, so auch für die USA, England und die anderen europäischen Länder, meist zusammen mit oder auch im Auftrag der jeweiligen Ausschußvorsitzenden vertreten. Ihre Auswahl, die zwischen Dezember 1967 und Mai 1968 getroffen wurde, mußte zwar vom documenta-Rat bestätigt werden, fand aber in den meisten Fällen die notwendige Zustimmung.[52]

Zwischen der documenta-Foundation und der documenta GmbH wurde am 24.4.1968 ein Vertrag geschlossen, der die Aufgabenverteilung festgelegte.[53] Demnach war die Foundation für die Realisierung des „Ambiente"-Programms verantwortlich. So wurden nach entsprechenden Beschlüssen des documenta-Rates und Vorgesprächen des Arbeitsausschusses „Ambiente" folgende Künstler mit den von ihnen vorgeschlagenen Skulpturen, Rauminstallationen oder landschaftsbezogenen Projekten zur 4. documenta eingeladen: Carl Andre (Stahlplattenweg, Galerie an der Schönen Aussicht), Ben Berns (Neonskulptur), Enrico Castellani (Kunststoffraum), Christo („5,600 Cubic Meter Package" auf der Karlswiese), Chryssa (Neonskulptur „Clytemnestra"), Gianni Colombo (Infrarot Ambiente-Raum), Hugo Demarco (Vibrationsobjekte, Rauminstallation), Dan Flavin (Neon-Raum), Lucio Fontana (Skulpturen), Klaus Geldmacher/Francesco Mariotti (Light-Box, Orangerie), Edward Kienholz („Roxy's" Rauminstallation), Robert Rauschenberg („Solstice", Rauminstallation), Martial Raysse (Rauminstallation), Lucas Samaras (begehbarer Spiegelkubus), Tony Smith („Black Sculpture", Orangerie). Alle diese Projekte wurden von den Künstlern in Zusammenarbeit mit der Foundation technisch, organisatorisch und bis auf die Arbeit von Christo auch weitgehend finanziell realisiert. Sie haben das Erscheinungsbild der 4. documenta entscheidend geprägt.

„Edition '68"

Um ihre Aufgaben und vor allem ihre finanziellen Verpflichtungen gegenüber den Künstlern des „Ambiente"-Programms, aber auch gegenüber der documenta GmbH selbst erfüllen zu können, bestand von vornherein Einigkeit im Vorstand, wieder eine Edition von grafischen und skulpturalen Arbeiten zu planen und vorzubereiten. Doch im Unterschied zu dem Konzept der documenta 3, die neben der Ausstellung der Handzeichnungen aus formal-ästhetischer Perspektive mit Blick auf die Gegenwart einzelne Künstlerpersönlichkeiten mit ihren Werken in großzügigen Rauminszenierungen in den Mittelpunkt der Ausstellung gerückt hatte, stand nun eine ganz andere internationale Szene mit der „Kunst 1968" zur Diskussion. Hiermit wurde vor allem der Einbruch der Pop Art in Europa umschrieben. Obwohl schon seit den späten fünfziger Jahren in England unter dem Einfluß der französischen Nouveaux Réalistes und nahezu zeitgleich in den amerikanischen Kunstzentren in Verbindung mit der Wiederentdeckung von Marcel Duchamp und den Surrealisten aus dem Abstrakten Expressionismus hervorgegangen, hat die Pop Art erst mit einer Verspätung von nahezu einem Jahrzehnt maßgeblichen Einfluß auf die Kunstproduktion in den europäischen Ländern gewonnen. Es waren darum auch nicht die Künstler selbst, die zu einer Phalanx formiert das Kunstgeschehen bestimmt haben, sondern einige namhafte Galerien, die sie als lose Gruppe unter dem

Signum Pop lanciert haben. Sie eroberten nicht nur den Markt weltweit, sondern wurden darum auch marktbeherrschend von einem internationalen Kunsthandel vertreten, der, teilweise in Konzernen organisiert, inzwischen eine ganz neue Rolle und Bedeutung gewonnen hatte.

Vor diesem Hintergrund konnte eine Grafik-Edition nicht mehr ohne den Handel realisiert werden. Auch die Vorbereitungen zur 4. documenta mußten diesen gänzlich veränderten Bedingungen Rechnung tragen. Alle Gespräche über Leihgabenwünsche wurden darum von den jeweiligen Kommissionen stets parallel mit den betreffenden Künstlern und den Galerien geführt, die sie zu der Zeit vertreten haben. Der nun hauptamtlich tätige Geschäftsführer der Foundation hat in Zusammenarbeit mit Hein Stünke dem Vorstand eine Vorschlagsliste solcher Künstler unterbreitet, die für eine Grafik- oder Skulpturenedition angefragt werden sollten. Wie in der Ausstellung selbst, sollten auch hier die „Kunst 1968", Werke von internationalen Künstlern aus dem Umfeld der Pop Art, bevorzugt angeboten werden.

Angesichts der veränderten Rahmenbedingungen konnte es auch nicht mehr darum gehen, die Künstler um eine Stiftung zu bitten, die sie, wie noch 1964, in eigener Verantwortung mit ihrem Drucker in eine Grafikauflage umgesetzt haben. Vielmehr konnten die Absichten der Foundation nur in der Weise realisiert werden, daß sie sich als selbständiger Verleger verstand und darum organisatorisch und kommerziell gleichwertiger Partner der Galerien wurde. Sie haben mit der Foundation auf dieser Grundlage als Vertragspartner zusammengearbeitet. Dies hatte natürlich entscheidenden Einfluß auf die Bedingungen, unter denen eine „Edition '68 der documenta-Foundation" aufgebaut und nicht als Vermittler von Editionen anderer Verleger mißverstanden werden konnte. Es gelang dem Geschäftsführer in direkten Verhandlungen mit den Künstlern und entsprechenden Galerien, diese für eine Edition zu Gunsten der documenta-Foundation unter der Voraussetzung zu gewinnen, daß sie selbst maßgebliche Anteile an den Auflagen zur eigenen Verwertung erhielten, ohne für die Kosten der Herstellung aufzukommen. Diese wurden vollinhaltlich von der Foundation übernommen. Meist nahmen die Künstler und Galerien ein Viertel der Auflage bei einem Gesamtvolumen von überwiegend 100 Exemplaren für sich in Anspruch.

Auf dieser Grundlage wurde es möglich, eine „Edition '68" mit einer Beteiligung von insgesamt 43 internationalen Künstlern aufzubauen. Da es sich nicht mehr um reine Stiftungen handelte, sondern darum, eine Arbeit kostenfrei zur Verfügung zu stellen, die von der Foundation in einem kommerziell ausgewogenen Verhältnis zwischen Künstlern und Galerien hergestellt und zum Verkauf auf eigene Rechnung angeboten werden konnte, haben die Künstler bis auf ganz wenige Ausnahmen[54] nur originale grafische Arbeiten für die Foundation geschaffen. Im Gegensatz zur „Edition '64" haben nun viele Künstler neben der Lithographie die vielfältigen Möglichkeiten der neuen druckgrafischen Techniken, wie sie besonders die Serigrafie angeboten hat, für sich in Anspruch genommen. Hierin wurden auch der Collage verwandte, komplizierte mehrfarbige Verfahren mit einbezogen. Ein wichtiges Moment bestand für die Künstler und Verleger schließlich darin, daß die Auflagen nun aus technischen Gründen in na-

hezu unbegrenzter Zahl gegenüber der materialbedingten und darum begrenzten Nutzung der Stahl- oder Kupferplatten und Lithosteine hergestellt werden konnten.
Aus diesen Gegebenheiten hat die „Edition '68 der documenta-Foundation" ihr künstlerisch hohes Niveau und ihre internationale Reputation gewonnen. Diese führten nicht nur zu entsprechenden Kooperationsangeboten mit anderen internationalen Verlegern,[55] sondern waren auch Grund für heftige Auseinandersetzungen im Vorfeld der Eröffnung der 4. documenta.
Der deutsche Handel, vertreten von dem „Verein progressiver deutscher Kunsthändler", intervenierte mit einem offenen Brief vom 5. April 1968 an den stellvertretenden Vorsitzenden der documenta-Foundation, Hein Stünke. Hierin wurde angesichts des internationalen Charakters der „Edition '68", in der viele prominente Künstler besonders aus den USA, England, Frankreich und Deutschland vertreten waren, ein Wiederverkäuferrabatt für den deutschen Handel gefordert.[56] Die Frankfurter Allgemeine Zeitung hat dieses Schreiben zum Anlaß genommen, um in einem polemischen Artikel „Im Hintergrund der documenta: Gericht der Künstler und Boykott der Kunsthändler" vom 13. Mai 1968 eine „Krise der documenta" herbeizureden. Wie ein Sturm im Wasserglas haben die Kollegen von Hein Stünke, selbst Gründungsmitglied des „Verein progressiver deutscher Kunsthändler" und Erfinder der Art Cologne, wohl aus Neid, Mißgunst und verletzter Eitelkeit versucht, der 4. documenta nicht nur eine wesentliche finanzielle Unterstützung streitig zu machen, sondern mit dem Boykott auch internationaler Händler wie Leo Castelli die Grundlage für den Erfolg der Ausstellung zu entziehen. Dieses Vorgehen entbehrte jeder Grundlage, weil mehrere der im Verein zusammengeschlossenen deutschen Kunsthändler als „Vertragsgalerien" der Foundation an der Realisierung der „Edition '68" maßgeblich mitgewirkt haben und deswegen über das Beteiligungsverfahren, von dem sie selbst und die von ihnen vertretenen Künstler profitieren konnten, bestens informiert waren.
Wie schon im Rahmen der documenta 3 wurde der Foundation innerhalb der Ausstellung – nun im Bereich der Cafeteria des Museum Fridericianum – ein Raum für das Verkaufsangebot zur Verfügung gestellt.
Das breite internationale Spektrum, das auch noch Restbestände der „Edition '64" mit einschloß, die Aktualität der vorgestellten originalen meist grafischen Arbeiten von teilweise schon hoch geschätzten Künstlern und nicht zuletzt das ausgewogene Preis/Leistungsverhältnis haben entscheidend zu dem herausragenden Erfolg beigetragen. Die Foundation konnte die gesamten Aufwendungen für das „Ambiente"-Programm von über 300.000 DM aus den Erlösen der Verkäufe finanzieren. Darüber hinaus hatte sich die Foundation gegenüber der documenta GmbH zu einer weiteren Unterstützung in Form eine Standmiete für die Dauer der Ausstellung von Juni bis Oktober 1968 verpflichtet. Diese konnte nicht sofort, aber im Verlauf der darauf folgenden Jahre erfolgreich geleistet werden.

Zusammenfassung. documenta-Foundation: Gründung, Aufgaben und Ziele

Die documenta-Foundation wurde im Juni 1964 von einem Gründungskomitee ins Leben gerufen.[57] Aus einer spontanen Anregung, die ursprünglich von Künstlern getragen und von Mitgliedern des documenta-Rates tatkräftig unterstützt wurde, ist ein bis dahin in Deutschland so noch nicht angewandtes Prinzip der Förderung einer Ausstellung erwachsen. Ihre Aufgabe bestand darin, Werke, die Künstler der documenta stiften sollten und die für die Herstellung von Grafik- und Skulpturen-Editionen geeignet waren, während der Dauer der Ausstellung einem interessierten Publikum zum Kauf anzubieten. Ihre Zielsetzung diente dem Zweck, aus den Verkaufserlösen

entweder eine Abteilung oder zumindest Teile der Ausstellung mitzufinanzieren. Diese Idee entsprach im Ansatz den heute gängigen Vorstellungen, mit Hilfe von Sponsoren, zu denen auch durchaus Künstler selbst zählen konnten und können, Ausstellungsprojekte zu realisieren, von denen ja so manche überhaupt erst durch diese möglich gemacht werden.
Doch die Idee, 1964 einen Verein zu gründen, in dem sich außer den Künstlern auch kunstinteressierte Bürger für die gute Sache engagieren sollten, scheiterte. Sie scheiterte aus Gründen, die etwas mit dem Zweck selbst zu tun hatten. Es ging ja um eine Ausstellung, die nur alle vier Jahre stattfinden sollte. Selbst dieser Veranstaltungsrhythmus war keineswegs gesichert. Vielmehr mußte jede documenta in ihren Planungen immer wieder ganz von vorn beginnen. Hinter der documenta stand zwar eine von der Stadt Kassel und dem Land Hessen finanzierte Trägergesellschaft, aber keine Institution, wie Museen mit ihren Fördervereinen oder einer der vielen Kunstvereine in Deutschland, die seit den sechziger Jahren neu gegründet wurden. Sie vertreten als Mitgliedervereine heute mit den schon im 19. Jahrhundert als Selbsthilfeinitiativen von kunstinteressierten Bürgern aufgebauten älteren Kunstvereinen die aktuellen Entwicklungen in der Kunst, die von ihnen in und mit eigenen Ausstellungen, Publikationen und nicht zuletzt mit Jahresgaben vorgestellt und vermittelt werden. Gegenüber diesem breiten Angebot konnte die documenta-Foundation als Mitgliederverein nur ihre Editionen in Verbindung mit den documenta-Ausstellungen anbieten.
Gerade darum aber fanden die Editionen beim kunstinteressierten Publikum sehr viel Interesse. In ihnen waren internationale Künstler vertreten, für die wiederum die meisten Kunstvereine als Partner nicht den geeigneten Rahmen in ihrer kontinuierlichen Vermittlungsarbeit bieten konnten. Sie spiegeln 1964 ebenso wie 1968 ein zeitnahes Bild der jeweils aktuellen Tendenzen im internationalen Kunstgeschehen, wie sie vom Markt aufgenommen und zugleich in ihrer immanenten Entwicklung von diesem gefördert wurden. 1964 spielten noch immer Aspekte des europäischen Informel aus dem Umfeld der École de Paris, des COBRA, des Abstrakten Expressionismus zumindest im Rahmen der documenta 3 eine vorherrschende Rolle, während sich 1968 die inzwischen bestimmenden Einflüsse der Pop Art in Europa und den USA auch in den Editionen durchgesetzt haben.
Trotz des wirtschaftlichen Erfolges, der ausschließlich und unmittelbar den documenta-Ausstellungen zugute kam, stand das Prinzip der Förderung, wie es von der Foundation in den zwei Varianten mit den Stiftungen der Künstler (1964) und als Verleger (1968) vertreten wurde, vor dem Hintergrund veränderter gesellschaftlicher Verhältnisse seit 1972 in dieser Form darum nicht mehr zur Diskussion. Sie trat 1972 im Rahmen der documenta 5 lediglich als Sponsor für die raumgreifende Installation von Edward Kienholz „Five Car Stud", einem zentralen Ausstellungsbeitrag in dem gesellschafts- und theoriekritischen Konzept von Harald Szeemann in Erscheinung. Im Unterschied zu den vorangegangenen Ausstellungen wurde nicht mehr der Künstler und sein Werk sui generis gefeiert, sondern einer kritischen Befragung angesichts der Relevanz seiner Inhalte und Aussagen unterworfen. Von daher war es schwer möglich, Künstler um Stiftungen oder um die Mitwirkung in einer neuen „Edition '72" zu bitten, wo sie doch selbst mit ihrem Werk in den Fokus der Analyse und Kritik gerückt wurden. Gerade diese Umstände machen deutlich, wo die Möglichkeiten und Grenzen der Foundation lagen. Ihr Fördergedanke und das Konzept der von ihr realisierten Editionen orientierte sich ganz an der Individualität des Künstlers, wie sie von Werner Haftmann und Arnold Bode explizit vertreten wurde. Solange dieser Gesichtspunkt im Mittelpunkt des Interesses stand, konnten Beiträge für die Editionen angefragt und erwartet werden.

Gerade in diesem Aspekt leistete die Foundation auf dem Feld der multiplen Kunst einen wichtigen, auch zukunftsträchtigen Beitrag. Die Bühne der documenta nobilitierte nicht nur die Künstler, die eingeladen waren, hier auszustellen, sondern zugleich auch ihr Werk. Die Grafik- und Skulpturen- oder Objekteditionen der Foundation ermöglichten es vielfach gerade auch jungen Interessierten, stellvertretend qualitätvolle Kunst von berühmten Künstlern zu erwerben und so für sich entsprechende Sammlungen aufzubauen.

documenta-Foundation: 1977

Es ist eine bekannte Tatsache, daß die inflationären und mitunter zweifelhaften Angebote, hier besonders auch im Bereich der Jahresgaben von Kunstvereinen, den Grafikmarkt im Verlauf der siebziger Jahre ruiniert haben. An die Stelle von Originalgrafik in kleinen Auflagen hat die Reproduktionsgrafik entscheidend zum Qualitätsverlust und Niedergang einer bedeutenden Gattung in der Kunst beigetragen, von der sie sich bis heute noch nicht wieder erholt hat. So mußte auch der Versuch scheitern, anläßlich der documenta 6 (1977) noch einmal mit einer neuen Edition an die Öffentlichkeit zu treten. Wesentliche Voraussetzungen konnten nicht erfüllt werden. Das Konzept der documenta 6 unter der Leitung von Manfred Schneckenburger war auf vielfältige Aspekte einer Kunst im öffentlichen, gesellschaftlichen Raum orientiert. Für das extrem breite Spektrum, das neben Malerei, Plastik und Performance erstmals auch Fotografie, Film und Videokunst, schließlich auch Handzeichnungen, utopisches Design und Bücher mit eingeschlossen hat, gab es für die intimen grafischen Künste wenig Spielräume.
Um ihren satzungsgemäßen Verpflichtungen gerecht zu werden, organisierte die Foundation eine eigene Ausstellung in den Räumen der Stadtsparkasse Kassel. Hier präsentierte sie noch einmal ab Juni 1977 jene Bestände, die noch zur Verfügung standen. Sie wurden um Stiftungen ergänzt, die der Foundation von einigen Künstlern mit dem Ziel überlassen wurden, erneut einen wesentlichen Beitrag zu documenta zu leisten. Es handelte sich um originale Arbeiten von Christo, Raimund Girke, Jiri Kolar, George Rickey und Fritz Wotruba. Hiermit endet die aktive Tätigkeit der documenta-Foundation.

1 Schmied, Wieland: Arnold Bode. Eine Jahrhundertfigur. In: Arnold Bode 100. Kassel 2000. S. 12
2 Kimpel, Harald: documenta. Mythos und Wirklichkeit. Köln 1997. S 86/87
3 Haftmann, Werner: Malerei im 20. Jahrhundert. München 1954
4 Dem Arbeitsausschuß gehörten neben Arnold Bode und Werner Haftmann die Museumsdirektoren Alfred Hentzen (Hamburg), Kurt Martin (Karlsruhe) und der Bildhauer Hans Mettel (Direktor der Staatl. Hochschule für bildende Künste, Frankfurt/M.) an.
5 Haftmann, Werner: Einleitung. In: Ausstellungskatalog „documenta". Kassel 1955. S. 15 ff.
6 Ausstellungskatalog „Stationen der Moderne. Die bedeutendsten Kunstausstellungen des 20. Jahrhunderts in Deutschland". Berlinische Galerie. Berlin 1988
7 Haftmann. Kat. documenta. S. 18
8 Ausstellungskatalog „1945/1985. Kunst in der Bundesrepublik Deutschland". Nationalgalerie Berlin 1985. S. 715
9 Frosch, Beate: Abstrakte und gegenständliche Malerei. In: Ausstellungskatalog „Zen 49". Baden-Baden 1987. S. 109 ff.

10 Growe, Bernd: Bilderstreit um die Moderne. Zur deutschen Kunstkritik der Nachkriegszeit. In: Kat. „1945/1985. Kunst in der Bundesrepublik Deutschland". S. 673 ff.; Reising-Pohl, Claudia: Kalter Krieg – Schauplatz Deutschland. In: Ausstellungskatalog „Vorbilder". Karlsruhe 1988. S. 25 ff.

11 Sedlmayr, Hans: Verlust der Mitte. Salzburg 1948. S. 152/171/166

12 Haftmann. Kat. documenta. S. 18

13 Ebda. S. 23/24

14 Grasskamp, Walter: Die unbewältigte Moderne. München 1989. S. 76 ff.

15 Schneckenburger, Manfred (Hrsg.): documenta. Idee und Institution. München 1983. S. 7 ff.

16 Kimpel. documenta. S. 105. Unabhängig davon kann die Entdeckung von ausgedienten Fabrikhallen als alternative Ambiente für temporäre Kunstausstellungen, z.B. die „Europalia" 1979 in Stuttgart, oder seit Anfang der achtziger Jahre die „Lothringer Straße" in München, die „Ackerstraße" in Berlin oder die Einrichtung etwa der Sammlung Crex als Museum in einer Fabrik in Schaffhausen, nicht zuletzt das Museum für Gegenwartskunst als Dependance des Baseler Kunstmuseums in einer ehemaligen Fabrik in St. Alban als ein Reflex mit bald zwanzigjähriger Verspätung auf den neuen Umgang mit ruinösen Räumen durch Arnold Bode gesehen werden. Natürlich entwickeln sich diese Tendenzen auf der Suche nach Alternativen zum etablierten Kunstbetrieb aus gänzlich anderen Motivationen und suchen/finden ihre Vorbilder in den New Yorker Lofts in Bronx und nicht in Kassel.

17 Kimpel. documenta. S. 125 ff.

18 „Galeriehaus Köln", Lindenstraße 18-22. Zeitschrift No. 1-9, 1971, Köln 1971 (Archiv A. Vowinckel, Köln)

19 Z.B. „Jetzt. Künste in Deutschland heute". Kunsthalle Köln 1970

20 Ausstellungskatalog „II. documenta '59". 3 Bände: Malerei, Skulptur, Druckgrafik, Köln 1959

21 Haftmann, Werner: Malerei nach 1945. Einführung. In: Kat. II. documenta. Band 1. S. 12 ff.

22 Westecker, Dieter / Ebert, Carl / Lengemann, Werner / Müller, Erich: documenta-Dokumente 1955–1968. Kassel 1972. S. 79: „unmenschliche Dimensionen"

23 Trier, Eduard: Figur und Raum. Die Skulptur des XX. Jahrhunderts. Berlin 1960

24 II. documenta '59. Katalog in drei Bänden, Köln 1959. Band 1: Malerei, Museum Fridericianum, Einführung: Werner Haftmann; Band 2: Skulptur, Orangerie, Einführung: Eduard Trier; Band 3: Druckgrafik, Bellevueschloß, mit einführenden Texten von Albrecht Fabri, Erhart Kästner, Heinrich Stünke. Ergänzungsband: Katalog aller ausgestellten Werke, ohne Abbildungen

25 Vgl. hierzu ein offener Brief an Hein Stünke von Rudolf Zwirner/Galerie Zwirner, Köln vom 5. April 1968. Hierin wurde eine generelle Rabattierung der Editionen der documenta-Foundation für den deutschen Kunsthandel gefordert, einschließlich der Editionen der Galerie „Der Spiegel" (Kopie: Archiv Vowinckel, Köln). Siehe hierzu auch: documenta information 3, Juni 1968, Arnold Bode/ Herbert von Buttlar: „Es gibt keine Krise der documenta"

26 Kat. II. documenta. Band 3. S. 20

27 „geh durch den spiegel". Mappen, Bücher, Kataloge, Köln o.J. Verzeichnis aller Veröffentlichungen der Galerie „Der Spiegel" von 1950 bis 1965, darunter: 1. Bücher/Mappen mit Originalgrafik ab 1950 in zeitlicher Abfolge von: Fritz Winter (1950), Hann Trier (1951/1952/ 1958/1961), Georg Meistermann (1953), Max Ernst (1955/1960/1962/1963), Ernst Wilhelm Nay (1957), HAP Grieshaber (1959/1962/1963/1964), Otto Freundlich (1960), Richard Mortensen (1960), Renée Nele (1960), Heinz Trökes (1960), Gerhard Wind (1960), Karel Appel (1961), Bernhard Schultze (1961), Horst Antes (1962), Günter Fruhtrunk (1963), Anton

Heyboer (1963), Victor Vasarely (1963), Josef Mikl (1964); 2. Eigene monographische Verlagspublikationen mit zahlreichen Reproduktionen ab 1952 in zeitlicher Abfolge von: Albrecht Fabri (1952), Willem Sandberg (1954), Eduard Trier/Marino Marini (1954), Wols/Oeuvre Katalog – Graphische Werk (1959), Anton Heyboer/Oeuvre-Katalog (1960), Edouard Roditi (1960), Paul Pörtner (1960), Max Ernst/Offerte 1 (1961), Max Ernst/Die Nacktheit der Frau... (1962), Max Ernst/Paramythen (1964); 3. „Geh durch den Spiegel", Bibliophile Kataloge mit bis zu drei eingelegten Originalgrafiken No. 1/1954 bis No. 48/1966 von: Marino Marini (1/1954), Joseph Faßbender (2/1954), Fritz Winter (3/1955), Wols (4/1955), Hann Trier (5/1956), Hans Uhlmann (6/1956), Victor Vasarely (7/1956), HAP Grieshaber (8/1956), Véronique Filozof (9/1956/57), Ernst Wilhem Nay (10/1957), Gérard Schneider (11/1957), Max Ernst (12/1957), Heinz Trökes (13/1958), Hans Arp (14/1958), Gerhard Wind (15/1958), Jacques Germain (16/1958), Victor Vasarely (17/1958), Hann Trier (18/1959), Ernst Wilhelm Nay (19/1959), Richard Mortensen (20/1960), Lucebert (21/1960), Anton Heyboer (22/1960), Horst Antes (23/1960), Hans Arp/Max Ernst (24/1960), Victor Vasarely (25/1961), Josef Mikl (26/1961), Dante Leonelli (27/1961), Ernst Wilhelm Nay (28/1961), Karel Appel (29/1962), Robert Motherwell (30/1962), Heinz Trökes (31/1962), Ben Nicholson (32/1962), Josef Mikl (33/1963), Dorothea Tanning (34/1963), Karl Gerstner (35/1963), Horst Antes (36/1963), Anton Heyboer (37/1963), Wolfgang Hollegha (38/1964), HAP Grieshaber (39/1964), Hann Trier (40/1964), Serge Poliakoff (41/1964), Roland Goeschl (42/1965), 43 nicht erschienen, Günter Fruhtrunk (44/28 1965), Almir Mavignier (45/1966), Ernst Wilhelm Nay (46/1966), Englische Graphik (47/1966), François Morellet (48/1966); 4. edition MAT, Collection 64 mit Arbeiten von Arman, Hans Arp, Karl Gerstner, Man Ray, Arnulf Rainer, Dieter Rot, Niki de St. Phalle, Raphaél Soto, Daniel Spoerri, Paul Talman, Jean Tinguely, Jacques de La Villeglé, Collection 65 mit Arbeiten von Arman, Enrico Baj, David Boriani, Pol Bury, Christo, Karl Gerstner, Roy Lichtenstein, Man Ray, François Morellet, Julio Le Parc, Raphaèl Soto, Daniel Spoerri, Gabriele de Vecchi

28 Kat. II. documenta. Band 3. S. 17

29 Vgl. hierzu Dokumentation. Kunst und Literatur des 19. und 20. Jahrhunderts, Herausgegeben von Hans Bolliger, Bände 1-8. Zürich 1970-1981 sowie Anthologie du livre illustré par les peintres et sculpteurs de l'Ecole de Paris. Albert Skira. Genf 1946

30 In England seit Anfang des 19. Jahrhunderts etwa Thomas Rowlandson oder George Cruikshank, in Frankreich schon 1790 etwa Moreau le Jeune, später seit den zwanziger/dreißiger Jahren Grandville, Honoré Daumier, Rudolphe Toepffer und vor allem Gustave Doré und in Deutschland etwa Adolph Menzel, Alfred Rethel, Ludwig Richter, Max Klinger oder Wilhelm Busch. Vgl. hierzu auch: Rümann, Arthur: Das illustrierte Buch des XIX. Jahrhunderts in England, Frankreich und Deutschland 1790–1860, Leipzig 1930 und Loubier, Hans: Die neue deutsche Buchkunst, Stuttgart 1921

31 Max Ernst. Histoire Naturelle. 86 im Offsetverfahren gedruckte Reproduktionen nach Frottagen, 5 Farbreproduktionen nach Aquarellen, 32 Strichätzungen nach Vignetten und 1 mehrfarbiges, bei Mourlot, Paris gedrucktes Litho als Umschlag. Die Exemplare 1-5 enthalten je 1 signierte Zeichnung, die Exemplare 6-60 je 1 signierte Frottage. Köln 1965

32 Kat. II. documenta. Band 3. S. 20

33 Hinweis von Werner Hillmann, Februar 2002, Galerie Der Spiegel, Köln

34 Es ist in diesem Zusammenhang aufschlußreich, daß die Mehrheit der Leih-

gaben zur Abteilung Druckgrafik aus deutschen Sammlungen stammten. Siehe Kat. II. documenta. Band 3. S. 19

35 Haftmann, Werner: Einführung. In: Kat. documenta 3. Band 1. S. XIV ff.

36 Vgl. hierzu die differenzierte Analyse der Gesamtproblematik in: Kimpel. documenta. S. 324 ff.

37 Vgl. hierzu Kimpel. documenta. S. 189 ff. Hier vor allem S. 191/192. Allerdings muß der Behauptung widersprochen werden, daß Arnold Bode der Gründer der documenta-Foundation war. Vielmehr haben Herbert von Buttlar und Hein Stünke von Anbeginn die Initiative an sich gezogen und die Gründung herbeigeführt. Siehe auch nachfolgende Darlegungen.

38 Vgl. hierzu „Verzeichnis der Verleger", Anm. 28

39 Vgl. hierzu die Künstlerlisten in den documenta-Katalogen 1955: S. 26-27; 1959: Band 1, S. 20/21, Band 2, S. 15, Band 3, S. 15 und 1964: Band 1, S. XXII-XXIII, Band 2, n.p.

40 Reisebericht Paris 31. Mai bis 2. Juni 1964 maschinenschriftlich (Archiv A. Vowinckel, Köln)

41 Siehe Kimpel. documenta. S. 191. Nicht 29 Künstler, wie irrtümlich angegeben, sondern 36 Künstler haben Werke für die documenta 3 gestiftet. Siehe Angebotsliste documenta-Foundation, Kassel, Juni 1964 (Archiv A. Vowinckel, Köln)

42 Arnold Bode: „Ich möchte die documenta III...". In: Kat. documenta 3. Band 1. S. XIX

43 Es wurde der documenta GmbH ein Betrag von DM 170.000 für die Standmiete der documenta-Foundation im Rahmen der documenta 3 als Erlösanteil aus dem Verkauf der „Edition '64" überwiesen. Siehe abschließend bestätigendes Schreiben der documenta GmbH vom 14. März 1968 an documenta-Foundation. (Kopie: Archiv A. Vowinckel, Köln)

44 Satzung der documenta-Foundation e.V. vom 27. Oktober 1964 (Archiv A. Vowinckel, Köln)

45 Der „Arbeitsausschuß documenta IV" konstituierte sich am 2./3. April 1965 unter dem Vorsitz von Arnold Bode in Berlin. Ihm gehörten Hermann Ulrich Asemissen, Theodor Ascher, Herbert von Buttlar, Werner Haftmann, Heinz Lemke, Hein Stünke und für die documenta-Foundation als deren Geschäftsführer Andreas Vowinckel an. In einer dpa-Meldung vom 21. April hieß es: „Der Arbeitsausschuß für die documenta IV wurde in Berlin unter dem Vorsitz von Prof. Arnold Bode gebildet. Es wurde das Programm für die nächste internationale Ausstellung unter dem Titel „documenta IV – Kunst und Architektur der Welt" festgelegt." Siehe Schreiben und Manuskriptkopie Sekretariat documenta v. 21.4.1965 an den Autor/documenta-Foundation. (Archiv A. Vowinckel, Köln)

46 Siehe Protokoll der Ausschußsitzung vom 2./3. April 1965 (Archiv A. Vowinckel, Köln)

47 Ebda.

48 Ebda.

49 Ebda. Es waren: Klaus Gallwitz, Hans Gercken, Eugen Gomringer, Günter Grzimek, Max Imdahl, Jean Leering, Herbert Pée, Arnold Rüdlinger und Albert Schulze Vellinghausen. Die beiden letztgenannten sind allerdings noch vor Eröffnung der 4. documenta verstorben.

50 Sie wurde von Jean Leering in der „Vorspann-Debatte" als Alternativ- Vorschlag eingebracht, „einen Eingangsraum – als Beispiel der Ambiance-Kunst – von Künstlern gestalten zu lassen." In: Schneckenburger. documenta. S. 93

51 Ebda. S. 92

52 Siehe Berichterstattung Reise USA vom 8. Januar 1968, England vom Anfang März 1968 (maschinenschriftlich), (Kopie: Archiv A. Vowinckel, Köln)

53 Vertrag vom 24.4.1968, (Kopie: Archiv A. Vowinckel, Köln)

54 „Edition '68 der documenta-Foundation", Angebotskatalog Kassel Juni 1968. Alle Editionen sind originale, speziell für die documenta-Foundation

geschaffene Grafik-/Objektauflagen bis auf solche nach Werkvorlagen von Louise Nevelson, Kenneth Noland und George Segal.

55 Insbesondere wurden Verhandlungen mit Multiples, Inc. New York auch in Verbindung mit einer weiteren Edition '77 geführt.

56 Siehe Anm. 25

57 Ihm gehörten außer den Repräsentanten des Staates (Ministerpräsident Georg August Zinn) und der Stadt Kassel (Oberbürgermeister Karl Branner), die selbst als wichtigste Gesellschafter der documenta GmbH die finanziellen Voraussetzungen für die Verwirklichung der documenta Ausstellungen sicherten, sowie Arnold Bode (als Initiator und stetiger Ideengeber) und Herbert Freiherr von Buttlar (als Sekretär der documenta 1955 und Mitglied des documenta-Rates) eine Reihe von Persönlichkeiten an, die sich für die gute Sache zur Verfügung gestellt haben. Neben den Künstlern Max Ernst und Ernst Wilhelm Nay engagierten sich aus dem Umfeld von Wirtschaft und Banken wie eines weitgestreuten Freundeskreises Kurt Forberg (Düsseldorf), Willy Häussler (Mössingen), Ernst Hauswedell (Hamburg), Hanns Hülsberg (Hagen), Karl Oskar Koenigs (Frankfurt/M.), Peter Graf Wolff-Metternich (Adelebsen) und Hein Stünke (Köln). Faltblatt, Kassel 1964 (Archiv A. Vowinckel, Köln)

Harald Kimpel

Aufgelegt

Nachhall eines Kunst-Stücks

„Es ist kaum übertrieben zu sagen, daß die Organisation, vor allem aber die Finanzierung der documenta, wenn schon kein Kunstwerk, so doch ein Kunst-Stück eigener Art darstellt, das sich würdig an die übrigen tausend Bilder, Skulpturen, Graphiken und Objekte anreiht, die es in Kassel zu bewundern geben wird."

Willi Bongard zur documenta 4, 1968[1]

Als Arnold Bode noch das Sagen hatte, als die documenta noch nicht das kommunal und staatlich geförderte, sponsorenmittelgepolsterte Erfolgsrezept für kulturelle Event-Vermarktung war, herrschten unkonventionelle Finanzierungsverhältnisse: Auf Grund seiner „Unfähigkeit, in den Kategorien des Kunsthandels und der Kameralistik zu denken" (Karl Fritz Heise)[2], gab der documenta-Vater bedenkenlos Geld aus, das er noch nicht hatte, und der (damals noch nebenamtlichen) Geschäftsführung der Veranstaltungsfirma blieb wenig mehr als die Konstatierung der Defizite. Kein Wunder, daß unter diesen Umständen die Gesellschafter der documenta-GmbH – Stadt Kassel und Land Hessen – zu jedem neuen Ausstellungswagnis immer wieder umständlich motiviert werden mußten.
Bodes ausuferndem Planungsdenken reichten die nur zögernd bereitgestellten öffentlichen Mittel nie, um seine Ideenflut in eine publikumswirksame Inszenierung umzuformen. Seit den Anfängen der documenta war also eine Kreativität gefragt, die sich nicht nur auf das Inszenieren von Kunstwerken, sondern auch auf das Kunststück des Erschließens zusätzlicher Geldquellen erstreckte. Die documenta-Foundation hat sich gegenüber dieser Aufgabe für mehr als ein Jahrzehnt mit konstruktiven Resultaten engagiert, hat zugleich aber auch gezeigt, in welche Konflikte sich eine solche Geschäftstätigkeit an der Schnittstelle von Kunst und Kommerz verwickelt.
Obwohl nun der Verein ab 1977 seine auflegerische Tätigkeit nicht weiterführt, werden größere Komplexe der beiden Editionen noch gelegentlich ausgestellt und zum Verkauf angeboten: 1989 in der Dortmunder Galerie Utermann,[3] 1992 in der Berliner Galerie Pels-Leusden. Doch erst zwei Jahrzehnte nachdem die Foundation ihre aktive Verwicklung in die documenta-Finanzierung beendet hat, wird der Verein am 31.12.1997 aufgelöst. Unter dem letzten Vorsitzenden Hansjörg Melchior – als weitere Vorstandsmitglieder fungieren Volker Stockmeyer (Kassenwart) und Ludolf Wurbs – wird das vorhandene Barvermögen als Beitrag zum Ankauf je einer documenta-Arbeit von Richard Hamilton und Kurt Kocherscheidt für die Neue Galerie der Staatlichen Museen Kassel eingesetzt.[4] Die Restblätter und -objekte gehen – als Schenkung der Foundation an den Städtischen Kunstbesitz – auf die Neue Galerie über.[5]
Nun ist das Ende der Foundation für die documenta durchaus zu verschmerzen, da diese inzwischen das Geschäft des Edierens selbst übernommen hat. Ab der documenta 9 entstehen im Auftrag oder von der documenta selbst organisierte Editionen, die zunehmend auch andere als die traditionellen druckgrafischen Techniken und Materialien einbeziehen: 1992 läßt der künstlerische Leiter Jan Hoet acht verschiedene Mappen – bestehend aus jeweils sechs nummerierten und signierten Graphiken in einer Auflage von 50 Exemplaren – von Werken produzieren, die von Teilnehmern der documenta 9 gestiftet worden sind:
Edition A: Richard Artschwager, Marco Bagnoli, Jean-Marc Bustamante, Wim Delevoye, Giulio Paolini, Haim Steinbach;
Edition B: Jimmie Durham, Royden Rabinowitch, Gerhard Richter, Ettore Spalletti, Pat Steir, Christopher Wood;
Edition C: Michael Buthe, Kazuo Katase,

Juan Muñot, Bruce Nauman, Franz West, Gilberto Zorio;
Edition D: Ernst Caramelle, Raoul de Keyser, Per Kirkeby, Mario Merz, Luc Tuymans, Juan Uslé;
Edition E: Pedro Cabrita Reis, Waltercio Caldas, David Hammons, Via Lewandowsky, Matt Mullican, Panamarenko;
Edition F: Lothar Baumgarten, Ricardo Brey, Jan Fabre, Ilya Kabakov, Joseph Kosuth, Helmuth Schweizer;
Edition G: Pier Paolo Calzolari, Lawrence Carroll, Michel François, Georg Herold, Henk Visch, Constantin Zvezdochotov;
Edition H: Nikos Baikas, Olav Christopher Jenssen, Anish Kapoor, Gerhard Merz, Reinhard Mucha, Frederic Matys Thursz.
Anläßlich der documenta 10 wird im Zuge der durchgreifenden Theoretisierung der Ausstellung auch das Verfahren der Edition theoretisch fundiert. 1997 bindet Catherine David die Methode der zusätzlichen Mittelbeschaffung in die Grundidee ihrer „Retroperspektive" ein: Sie „räumt der Auflagenkunst einen eigenen Platz innerhalb des kulturellen Ereignisses documenta ein und berücksichtigt damit die besondere künstlerische und gesellschaftliche Bedeutung des Multiple für die Entwicklung der Kunst dieses 20. Jahrhunderts"[6]. 14 Künstlerinnen und Künstler, in deren bisheriger Arbeit Editionen eine Rolle gespielt haben, werden zur Teilnahme aufgefordert: Lothar Baumgarten, Jordan Crandall, Ulrike Grossarth, Richard Hamilton, Christine und Irene Hohenbüchler, Mike Kelly/Tony Oursler, Martin Kippenberger, Reinhard Mucha, Olaf Nicolai, Michelangelo Pistoletto, Gerhard Richter, Erik Steinbrecher, Rosemarie Trockel, Martin Walde nehmen an der von der Edition Schellmann, München/New York, produzierten und vertriebenen „documenta X edition" teil.[7] Die Arbeiten werden während der Ausstellung am Verkaufsstand in der documenta-Halle präsentiert.
Auch die documenta 11 setzt die Tradition fort: 2002 erscheint eine Edition mit Teilnehmern der „Plattform5", ebenfalls produziert und vertrieben von der Edition Schellmann.

1 Bongard, Willi: Was kostet die documenta? Eine Selbsthilfeaktion stößt auf Kritik. In: Die Zeit, 17.5.1968
2 Heise, Karl Fritz: Die documenta – ein Faszinosum. In: Informationen. Sonderheft documenta 5. Kassel 1972. S. 1
3 Steden, Ulrich: Rückblick auf 60er Jahre. Documenta Foundation in Dortmunder Galerie. In: Iserlohner Kreisanzeiger und Zeitung, 21.1.1989; Schmidt, Konrad: Gestiftete „documenta"-Grafiken von Grieshaber bis Christo. In: Ruhr-Nachrichten, 17.1.1989; Neue Grafik – fast klassisch. Utermann zeigt Documenta-Blätter. In: Westdeutsche Allgemeine Zeitung, 17.1.1989; Von Antes und Arp bis Wesselmann. In: Soester Anzeiger, 27.1.1989
4 Richard Hamilton: „Passage". 1994/95. Cibachrome auf Leinwand. 122 x 147,3 cm (AZ 1997/1); Kurt Kocherscheidt: Ohne Titel. 1992. Triptychon. 360 x 120 cm (AZ 1992/2)
5 Vgl. Christiane Lukatis in: Thümmler, Sabine/Ottomeyer, Hans: Geschenkt & gekauft. Neuerwerbungen der Staatlichen Museen Kassel 1995-1999. Wolfratshausen 1999. S. 66-67; Ein Haus für die Moderne. 25 Jahre Neue Galerie 1976–2001. Bearbeitet von Marianne Heinz. Staatliche Museen Kassel, Neue Galerie 2001. S. 79-81
6 documenta X. Kassel 1997. Kurzführer. S. 290
7 Schwarze, Dirk: 14 Künstler gestalten Edition. In: Hessische/Niedersächsische Allgemeine, 10.5.1997; Auflagen für Liebhaber. In: Wirtschaftswoche, 3.7.1997

Die Multiples der documenta-Foundation

Yaakov AGAM (1928 Rishon-le-Zion)
„Structures '64"
1964 (Edition '64)
Siebdruck
54 x 54 cm
Signiert, nummeriert (Etikett Rückseite)
Auflage 50, davon 20 für die documenta-Foundation
Mit Unterstützung der Galerie Denise René, Paris

Horst ANTES (1936 Heppenheim)
„Figur"
1968 (Edition '68)
Siebdruck, 16-farbig, auf Karton (nach einer Gouache)
84,5 x 64,5 cm
Signiert, nummeriert
Auflage 125 (Druckerei Hans-Peter Haas, Stuttgart)
Mit Unterstützung der Galerie Stangl, München
Literatur: Katalog „documenta foundation". Kassel 1968. S. 6 (Abb.) – Lutze, Bernd: Horst Antes. Lithographien. Stuttgart 1976. S. 152 (Abb.) – Katalog „documenta-Foundation e.V.". Stadtsparkasse Kassel 1977 – Ein Haus für die Moderne. 25 Jahre Neue Galerie 1976–2001. Staatliche Museen Kassel, Neue Galerie 2001. S. 79 (Abb.) AZG 1996/4 (SK 44)

Antes

Appel

Karel APPEL (1921 Amsterdam)
Ohne Titel
1964 (Edition '64)
Lithographie
27 x 38 cm
Signiert
Auflage 100 (Druckerei E. Beaudet, Paris)

Shusaku ARAKAWA (1936 Nagoya)
„Recipe (taste it)“
1968 (Edition '68)
Siebdruck
74,5 x 59,5 cm
Signiert, nummeriert
Auflage 100 (Druckerei Hans-Peter Haas, Stuttgart)
Mit Unterstützung der Dwan-Gallery, New York und Galerie Alfred Schmela, Düsseldorf
Literatur: Katalog „documenta foundation“. Kassel 1968. S. 6 (Abb.) – Katalog „documenta-Foundation e.V.“. Stadtsparkasse Kassel 1977 – Ein Haus für die Moderne. 25 Jahre Neue Galerie 1976–2001. Staatliche Museen Kassel, Neue Galerie 2001. S. 79. AZG 1996/4 (SK 31)

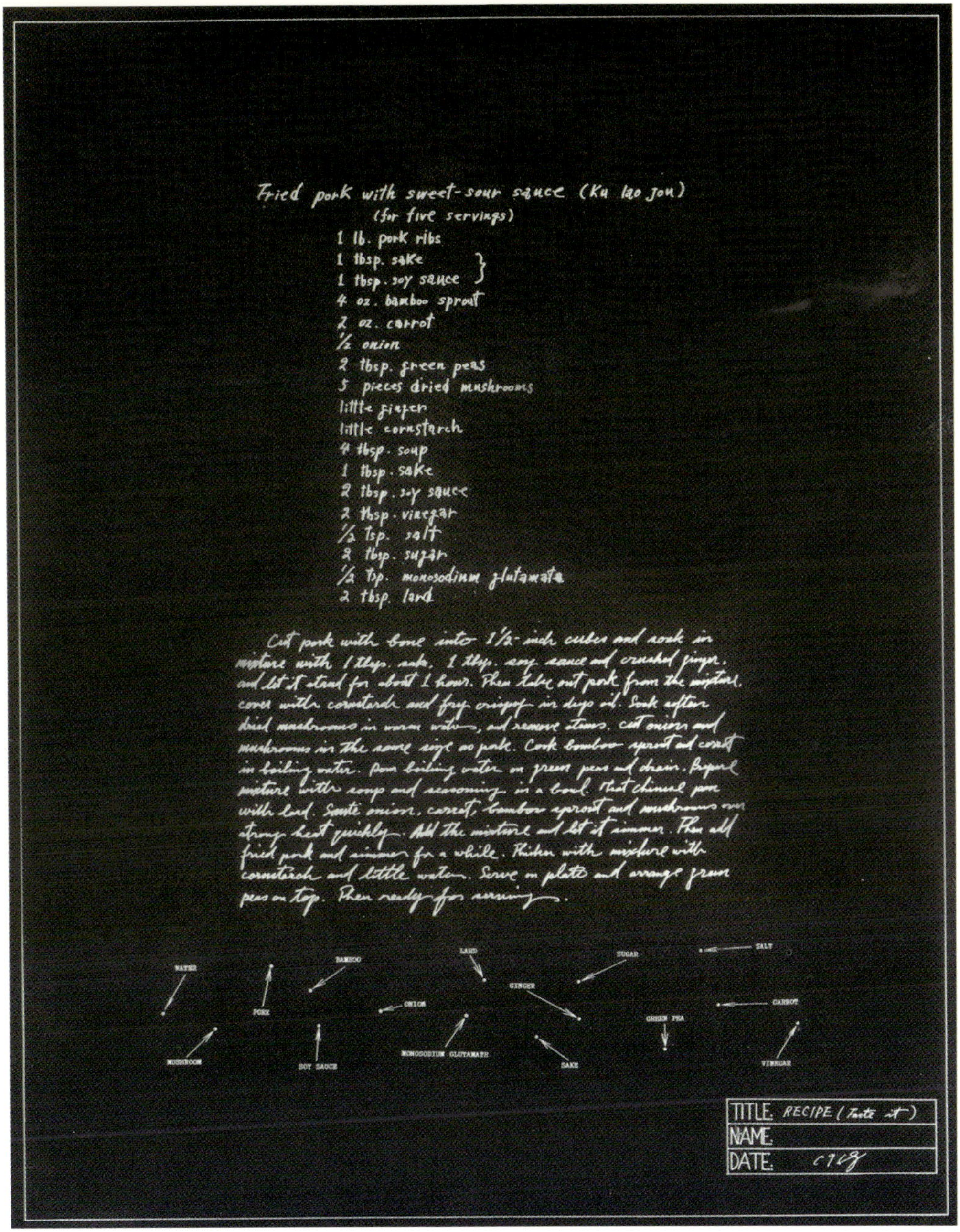
Fried pork with sweet-sour sauce (Ku lao jou)
(for five servings)
1 lb. pork ribs
1 tbsp. sake
1 tbsp. soy sauce
4 oz. bamboo sprout
2 oz. carrot
½ onion
2 tbsp. green peas
5 pieces dried mushrooms
little pepper
little cornstarch
4 tbsp. soup
1 tbsp. sake
2 tbsp. soy sauce
2 tbsp. vinegar
½ tsp. salt
2 tbsp. sugar
½ tsp. monosodium glutamate
2 tbsp. lard
Cut pork with bone into 1½-inch cubes and soak in mixture with 1 tbsp. sake, 1 tbsp. soy sauce and crushed ginger, and let it stand for about 1 hour. Then take out pork from the mixture, cover with cornstarch and fry crisp in deep oil. Soak after dried mushrooms in warm water, and remove stems. Cut onion and mushrooms in the same size as pork. Cook bamboo sprout and carrot in boiling water. Pour boiling water on green peas and drain. Prepare mixture with soup and seasoning in a bowl. Heat Chinese pan with lard. Saute onion, carrot, bamboo sprout and mushrooms over strong heat quickly. Add the mixture and let it simmer. Then add fried pork and simmer for a while. Thicken with mixture with cornstarch and little water. Serve on plate and arrange green peas on top. Then ready for serving.
WATER
PORK
BAMBOO
LARD
SUGAR
SALT
GINGER
ONION
CARROT
GREEN PEA
MUSHROOM
SOY SAUCE
MONOSODIUM GLUTAMATE
SAKE
VINEGAR
TITLE: RECIPE (Taste it)
NAME:
DATE:

Arakawa

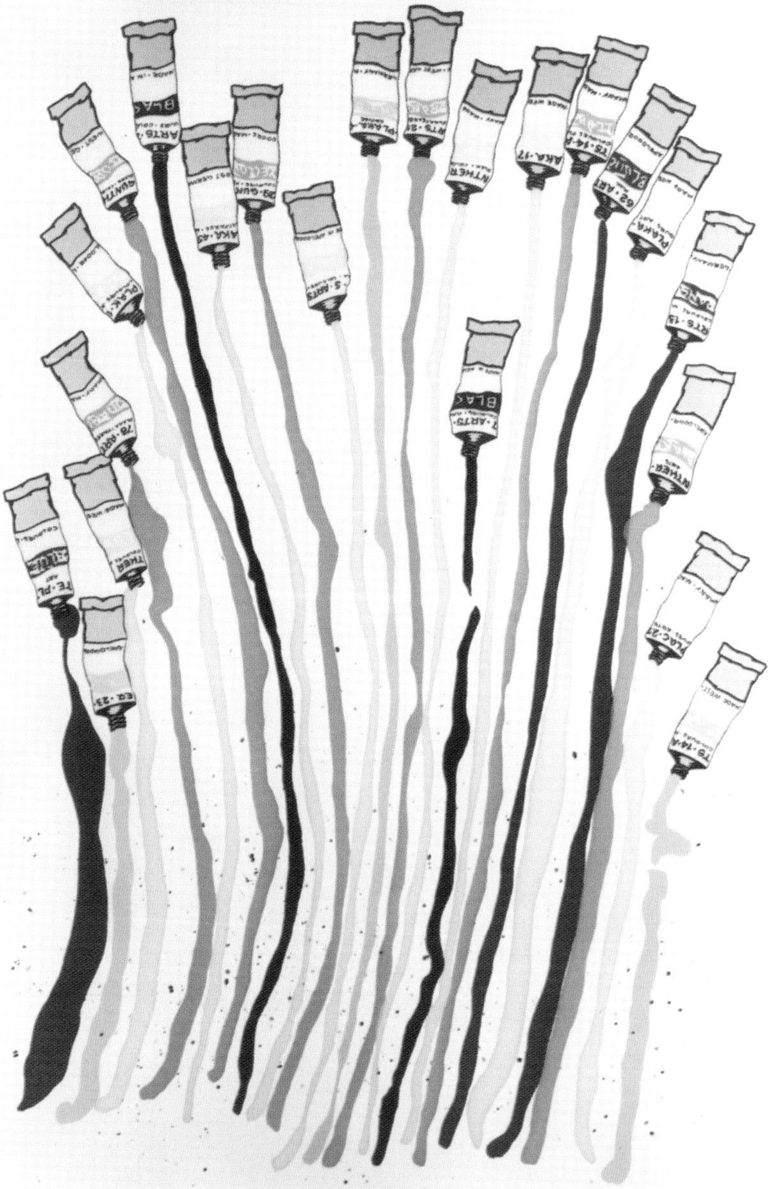

Arman

Arp

Jean ARP (1887 Straßburg – 1965 Basel)
„Relief documenta III"
1964 (Edition '64)
Messing, Aluminium
25 x 20,5 cm
Signiert, nummeriert (Etikett Rückseite)
Auflage 100 (Kunstgießerei Bischoff, Düsseldorf)

„Das Relief steht in Zusammenhang mit einer Zeichnung aus dem gleichen Jahr [...]; eines der Exemplare wurde auf Schiefer montiert und nachträglich vom Künstler autorisiert." (Rau. S. 389)

Literatur: d4. documenta foundation. In: Katalog „documenta 4". Kassel 1968. Bd. 1. S. 325 (Abb.); Bd. 2. S. 157 (Abb.) – Katalog „documenta foundation". Kassel 1968. S. 2 (Abb.) – Katalog „documenta-Foundation e.V.". Stadtsparkasse Kassel 1977 – Rau, Bernd: Hans Arp. Die Reliefs. Œuvre-Katalog. Stuttgart 1981. S. 389 (Abb.) – Ein Haus für die Moderne. 25 Jahre Neue Galerie 1976–2001. Staatliche Museen Kassel, Neue Galerie 2001. S. 81. AZ 2000/7

ARMAN (1928 Nizza)
Ohne Titel
1968 (Edition '68)
Siebdruck auf Plastikfolie
63 x 58,8 cm
Signiert, nummeriert
Auflage 150 (Druckerei Gabriele Mazzotta, Mailand)
Mit Unterstützung der Galerie Ileana Sonnabend, Paris
Literatur: Katalog „documenta foundation". Kassel 1968. S. 6 (Abb.) – Katalog „documenta-Foundation e.V.". Stadtsparkasse Kassel 1977

Willi BAUMEISTER (1889 Stuttgart – 1955 Stuttgart)
„Ideogramm Feuille I (Aru)"
1955 (Edition '64)
Lithographie
62,4 x 46,2 cm
Auflagendruck außerhalb der nummerierten 35 Exemplare, davon 4 Exemplare für documenta-Foundation
Literatur: Spielmann, Heinz: Willi Baumeister – Das graphische Werk I und II. Hamburg 1972. Nr. 189b – Katalog „Willi Baumeister 1945–1955". Württembergischer Kunstverein Stuttgart 1979. S. 144

Ben BERNS (1936 Ginneken)
„Seagram Building"
1968 (Edition '68)
Offset- und Siebdruck
75 x 59,5 cm
Signiert, datiert, nummeriert
Auflage 135 (Druckerei Eisfeller, Köln/ Druckerei Wery, Köln)
Literatur: Katalog „documenta foundation". Kassel 1968. S. 6 (Abb.) – Katalog „documenta-Foundation e.V.". Stadtsparkasse Kassel 1977 – Ein Haus für die Moderne. 25 Jahre Neue Galerie 1976–2001. Staatliche Museen Kassel, Neue Galerie 2001. S. 79. AZG 1996/4 (SK 20)

Berns

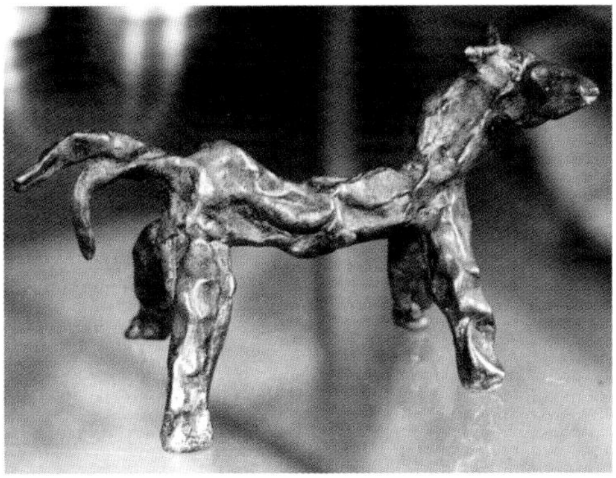

Calder

Alexander CALDER (1898 Lawton – 1987 New York)
„Pferd II"
1964 (Edition '64)
Bronze (nach einer Plastik von 1944)
12 x 21 x 12 cm
Auflage 50 (Kunstgießerei Schmäke, Düsseldorf)
Literatur: Katalog „documenta foundation". Kassel 1968. S. 2 (Abb.) – Katalog „documenta-Foundation e.V.". Stadtsparkasse Kassel 1977 – Marchesseau, Daniel: Calder Intime. Paris 1989. S. 182 (Abb.) – Katalog „Moderne Kunst". Hauswedell & Nolte. Auktion 362. Hamburg 2001. S. 60 (Abb.)

Antonio CALDERARA (1903 Abbiategrasso – 1978 Vaciago)
Ohne Titel
2 Ausführungen
1968 (Edition '68)
Siebdruck
73 x 73 cm
Auflage 125 (Druckerei Wery, Köln)
Literatur: Katalog „documenta foundation". Kassel 1968. S. 7 (Abb.) – Katalog „documenta-Foundation e.V.". Stadtsparkasse Kassel 1977

CHRISTO (1935 Gabrovo)
„Corridor Store Front"
1966/67 (Edition '68)
Offset- und Siebdruck
71 x 56 cm
Signiert, nummeriert
Auflage 75 (Offset: Druckerei Haarhaus, Köln; Siebdruck: Druckerei Hans-Peter Haas, Stuttgart)
Mit Unterstützung der Galerie Der Spiegel, Köln
Literatur: d4. documenta foundation. In: Katalog „documenta 4". Kassel 1968. Bd. 1. S. 327, Abb. S. 326; Bd. 2. S. 159, Abb. S. 158 – Katalog „documenta foundation". Kassel 1968. S. 6, Abb. S. 7 – Katalog „documenta-Foundation e.V.". Stadtsparkasse Kassel 1977 – Schellmann, Jörg / Benecke, Joséphine (Hrsg.): Christo. Druckgraphik und Objekte 1963-87. München 1987. S. 24-25 (Abb.)

Christo

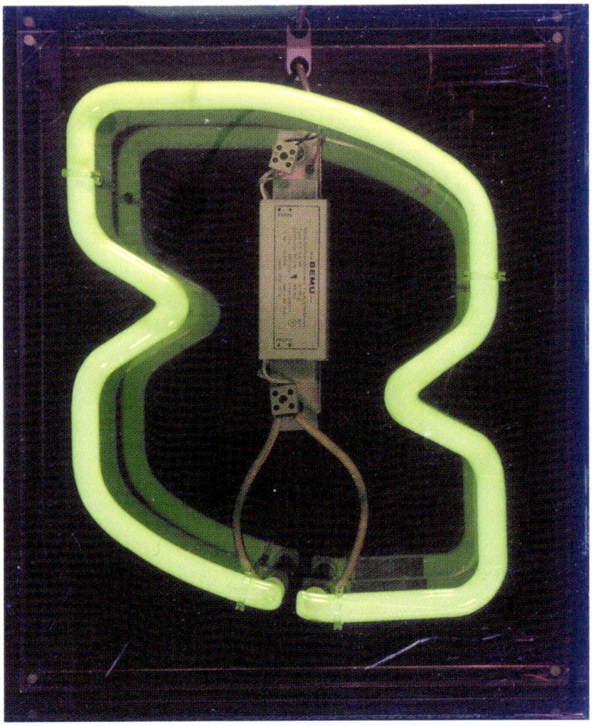

Chryssa

CHRYSSA (1933 Athen)
„Small Study for documenta project sculpture"
3 Ausführungen
1968 (Edition '68)
Neon, Plexiglas
21 x 47 x 38 cm
Auflage 42 (H. Wöllenstein, Leverkusen)
Literatur: Katalog „documenta foundation". Kassel 1968. S. 6, Abb. S. 7 – Katalog „documenta-Foundation e.V.". Stadtsparkasse Kassel 1977 – Ein Haus für die Moderne. 25 Jahre Neue Galerie 1976–2001. Staatliche Museen Kassel, Neue Galerie 2001. S. 81. AZ 2000/8

Piero DORAZIO (1927 Rom)
„Litho in zwei und vier Farben"
1964 (Edition '64)
Lithographie
70,2 x 50 cm
Signiert, datiert, nummeriert
Auflage 100 (Eigendruck)
Literatur: Katalog „documenta foundation". Kassel 1968. S. 2 (Abb.) – Katalog „documenta-Foundation e.V.". Stadtsparkasse Kassel 1977 – Ein Haus für die Moderne. 25 Jahre Neue Galerie 1976–2001. Staatliche Museen Kassel, Neue Galerie 2001. S. 79. AZG 1996/4 (SK 12, SK 13)

Dorazio

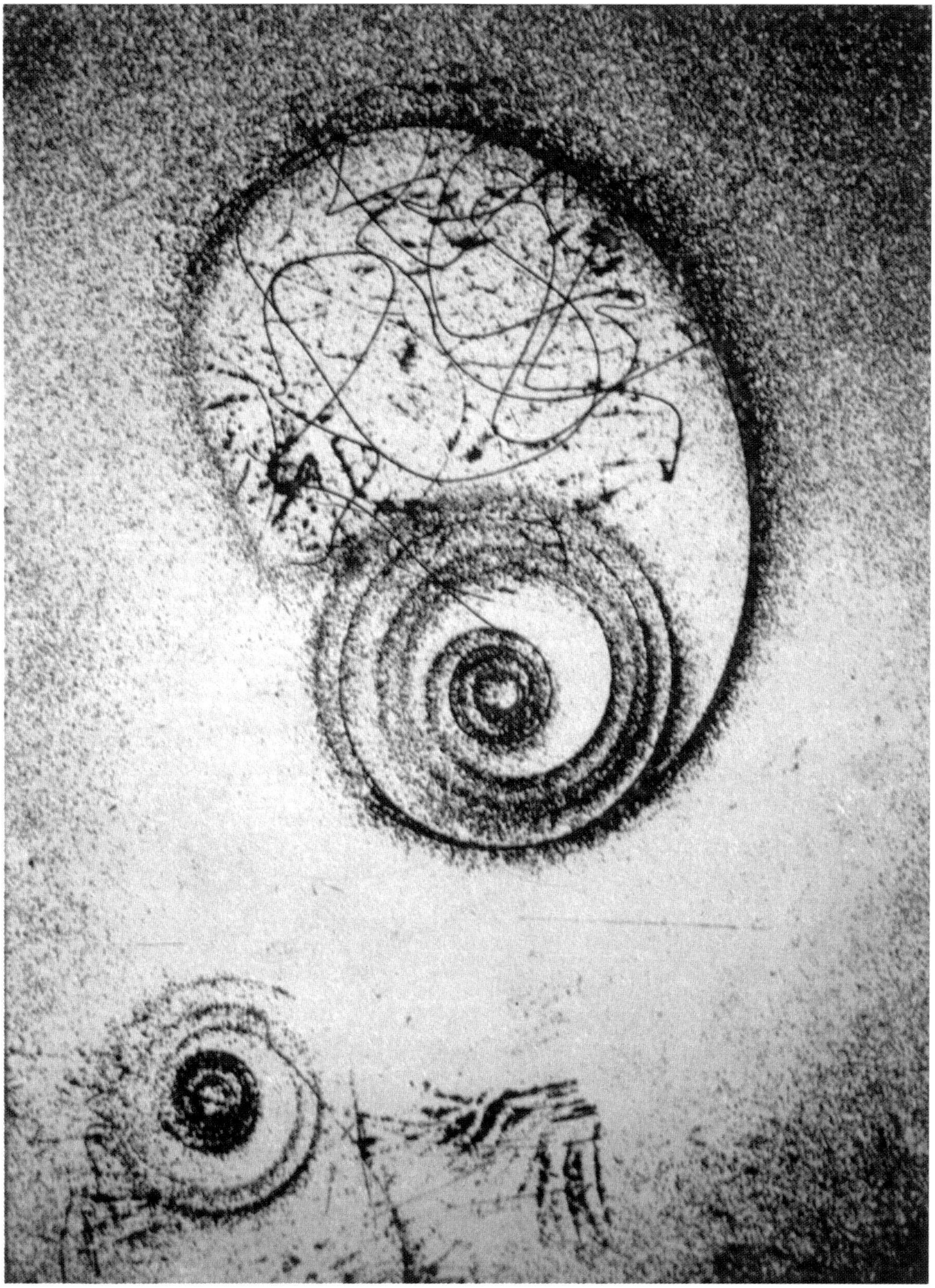

Ernst

Ernst

Max ERNST (1891 Brühl – 1976 Paris)
„Spiralen" („Für documenta III")
1964 (Edition '64)
Radierung mit Aquatinta in zwei Farben auf Bütten
50 x 33 cm
Signiert, nummeriert
Auflage 100 (Druckerei Georges Visat, Paris)
Literatur: Katalog „Max Ernst. Das graphische Werk". Hamburger Kunsthalle 1967. S. 14, 24 (Abb.) – d4. documenta foundation. In: Katalog „documenta 4". Kassel 1968. Bd. 1. S. 325, Abb. S. 324; Bd. 2. S. 157, Abb. S. 156 – Katalog „documenta foundation". Kassel 1968. S. 2 (Abb.) – Katalog „Brusberg Dokumente. Max Ernst: Jenseits der Malerei – Das grafische Œuvre". Kestner-Museum Hannover 1972. Nr. 107 P (Abb.) – Leppien, Helmut R.: Max Ernst. Das graphische Werk. Köln 1975 (Max Ernst. Œuvre-Katalog Bd. 1) S. 102 (Abb.) – Max Ernst. Gemälde, Skulpturen, Collagen, Frottagen, Zeichnungen, Druckgraphik und Bücher. Verzeichnis der Bestände. Kunstmuseum Hannover mit Sammlung Sprengel. Hannover 1981. S. 148 (Abb.) – Katalog „Max Ernst. Bücher und Grafiken". Kunstverein Wolfsburg 1989. S. 132 (Abb.) – Katalog „Max Ernst. Das graphische Œuvre. Werke aus der Sammlung des Sprengel Museum Hannover". 1990. S. 130, 131 (Abb.)

Max ERNST
„Rote Blume II"
1966
8-farbiger Siebdruck auf Bütten
Nach einem Gemälde von 1966
24,6 x 32,6 cm
Signiert, nummeriert
Auflage 150 (Druckerei Hans-Peter Haas, Stuttgart)
Literatur: Leppien, Helmut R.: Max Ernst. Das graphische Werk. Köln 1975 (Max Ernst. Œuvre-Katalog Bd. 1) S. 256 (Abb.) – Katalog „documenta-Foundation e.V.". Stadtsparkasse Kassel 1977 – Ein Haus für die Moderne. 25 Jahre Neue Galerie 1976–2001. Staatliche Museen Kassel, Neue Galerie 2001. S. 79. AZG 1996/4 (SK 2)

Faßbender

Joseph FASSBENDER (1903 Köln – 1974 Köln)
„Komposition"
1964 (Edition '64)
Aquatinta
53,6 x 37,8 cm
Signiert, datiert, nummeriert
Auflage 100 (Druckerei A. W. Schulgen, Düsseldorf)
Literatur: Katalog „documenta foundation". Kassel 1968. S. 2 (Abb.) – Katalog „documenta-Foundation e.V.". Stadtsparkasse Kassel 1977 – Ein Haus für die Moderne. 25 Jahre Neue Galerie 1976–2001. Staatliche Museen Kassel, Neue Galerie 2001. S. 79. AZG 1996/4 (SK 14)

Fontana

Lucio FONTANA (1899 Rosario di Santa Fé – 1968 Comabbio)
„Concetto Spatiale"
1968 (Edition '68)
Siebdruck auf Kunststoff
50 x 70 cm
Signiert, nummeriert
Auflage 100 (Druckerei Sergio Tosi, Mailand)
Mit Unterstützung der Marlborough Galleria d'Arte, Rom
Literatur: Katalog „documenta foundation". Kassel 1968. S. 7 (Abb.) – Katalog „documenta-Foundation e.V.". Stadtsparkasse Kassel 1977 – Ein Haus für die Moderne. 25 Jahre Neue Galerie 1976–2001. Staatliche Museen Kassel, Neue Galerie 2001. S. 79. AZG 1996/4 (SK 48)

Fruhtrunk

Günter FRUHTRUNK (1923 München – 1982 München)
Ohne Titel
1967/68 (Edition '68)
Siebdruck
73 x 73 cm
Signiert
Auflage 125 (Druckerei Hans-Peter Haas, Stuttgart)
Mit Unterstützung der Galerie Der Spiegel, Köln

Literatur: d4. documenta foundation. In: Katalog „documenta 4". Kassel 1968. Bd. 1. S. 327, Abb. S. 326; Bd. 2. S. 159, Abb. S. 158 – Katalog „documenta foundation". Kassel 1968. S. 7 (Abb.) – Katalog „documenta-Foundation e.V.". Stadtsparkasse Kassel 1977

Geiger

Rupprecht GEIGER (1908 München)
„Zweimal Rot"
1968 (Edition '68)
Siebdruck
67 x 63 cm
Auflage 150 (Druckerei Laube, München)
Mit Unterstützung der Galerie Wilbrand, Köln
Literatur: Katalog „documenta foundation". Kassel 1968. S. 7 – Katalog „documenta-Foundation e.V.". Stadtsparkasse Kassel 1977 – Ein Haus für die Moderne. 25 Jahre Neue Galerie 1976–2001. Staatliche Museen Kassel, Neue Galerie 2001. S. 79.
AZG 1996/4 (SK 37)

Geiger

Rupprecht GEIGER

„Rundes Schwarz"
1968 (Edition '68)
Siebdruck
67 x 63 cm
Signiert, datiert, nummeriert
Auflage 300 (Druckerei Laube, München)
Mit Unterstützung der Galerie Wilbrand, Köln

Literatur: Katalog „documenta foundation". Kassel 1968. S. 7 (Abb.) – Katalog „documenta-Foundation e.V.". Stadtsparkasse Kassel 1977 – Ein Haus für die Moderne. 25 Jahre Neue Galerie 1976–2001. Staatliche Museen Kassel, Neue Galerie 2001. S. 79. AZG 1996/4 (SK 36)

Klaus GELDMACHER / Francesco MARIOTTI

(1940 Frankfurt/M.) / (1943 Bern)
Ohne Titel
1967/68 (Edition '68)
Metall, Glühlampen
30 x 30 x 30 cm
Auflage 10 (Eigene Herstellung)
Literatur: Katalog „documenta foundation". Kassel 1968. S. 14 (Abb.)

Geldmacher/Mariotti

Klaus GELDMACHER / Francesco MARIOTTI

„Detail des documenta-Projekts"
1968 (Edition '68)
Metall, Glühlampen, Elektromotor
32 x 32 x 10 cm
Auflage unbegrenzt, 100 Exemplare mit Zertifikat
Literatur: Katalog „documenta foundation". Kassel 1968. S. 14 (Abb.) – Katalog „documenta-Foundation e.V.". Stadtsparkasse Kassel 1977

Geldmacher/Mariotti

Gerstner

Karl GERSTNER (1930 Basel)
„Color Angles"
1968 (Edition '68)
Siebdruck auf 14 Papiere, Kunststoffolie
61,6 x 61,6 cm
Signiert, datiert, nummeriert
Auflage 70 (Druckerei Wery, Köln)
Mit Unterstützung der Galerie Der Spiegel, Köln

„He is [...] invited to paricipate to the 'Dokumenta Edition' for which he designs

'Color Angles', an interchangeable multiple of 15 sheets of different shapes and colours in a plexiglass frame." (Katalog „Karl Gerstner". London 1999)

Literatur: Katalog „documenta foundation". Kassel 1968. S. 7 (Abb.) – Katalog „documenta-Foundation e.V.". Stadtsparkasse Kassel 1977 – Katalog „Karl Gerstner". Museum für Gegenwartskunst Basel, Kunsthalle Tübingen, Von der Heydt-Museum Wuppertal, Kunsthalle Weimar, Kunstmuseum Solothurn 1992. S. 14 – Katalog „Karl Gerstner". Marlborough Fine Art London 1999. S. 30 (Abb.) – Ein Haus für die Moderne. 25 Jahre Neue Galerie 1976–2001. Staatliche Museen Kassel, Neue Galerie 2001. S. 79. AZG 1996/4 (SK 49)

Gotthard GRAUBNER (1930 Erlbach)
„Tastobjekt"
1968 (Edition '68)
Plastik mit Inlet
150 x 28 x 3,5 cm
Signiert, datiert, nummeriert
Auflage 30 (Werkstatt G. Graubner)
Mit Unterstützung der Galerie Alfred Schmela, Düsseldorf
Literatur: Katalog „documenta foundation". Kassel 1968. S. 9 (Abb.) – Katalog „documenta-Foundation e.V.". Stadtsparkasse Kassel 1977 – Ein Haus für die Moderne. 25 Jahre Neue Galerie 1976–2001. Staatliche Museen Kassel, Neue Galerie 2001. S. 81. AZ 2000/9

Graubner

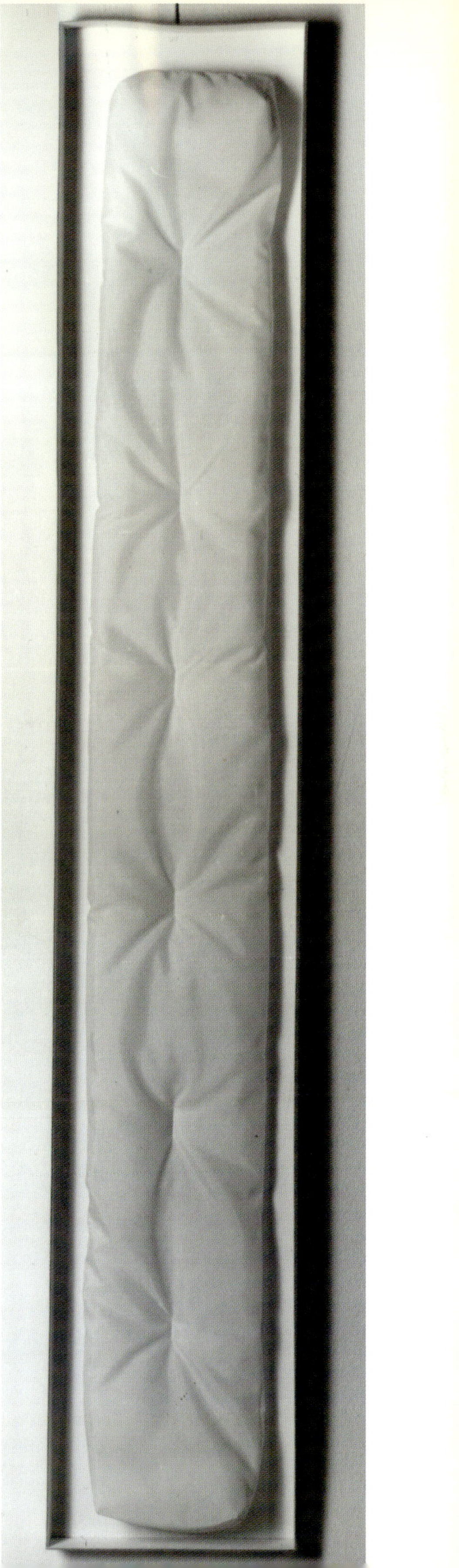

Grieshaber

HAP GRIESHABER (1909 Rot – 1981 Achalm)
„Scherben"
1964 (Edition '64)
6 Holzschnitte auf schwarzem Karton (mit Texten von Albrecht Fabri)
Signiert, nummeriert
a: 35 x 30 cm
b: 35 x 30 cm
c: 35 x 30 cm
d: 35 x 30 cm
e: „Boot". 35 x 59,8 cm
f: „Fruchtbarkeitsgöttin". 35 x 59,8 cm
Auflage 250 (Werkstätten der Galerie Der Spiegel, Köln)

Grieshaber

Literatur: Fürst, Margot: Grieshaber. Der Drucker und Holzschneider. Plakate, Flugblätter, Editionen und Akzidentien. Stuttgart 1965 (Katalog Museum für Kunst und Gewerbe Hamburg 1965) S. 162-163 (Abb.) – Katalog „documenta foundation". Kassel 1968. S. 3 (Abb.) – Katalog „documenta-Foundation e.V.". Stadtsparkasse Kassel 1977 – Fürst, Margot: Grieshaber. Das Werk. Hommage zum 80. Geburtstag. Stuttgart 1989. S. 182 (Abb.) – Olschowski, Petra v.: HAP Grieshaber. Die Werke in der Graphischen Sammlung der Staatsgalerie Stuttgart. Stuttgart 1999. S. 121, 122 (Abb.) – Ein Haus für die Moderne. 25 Jahre Neue Galerie 1976–2001. Staatliche Museen Kassel, Neue Galerie 2001. S. 79. AZG 1996/4 (SK 4–SK 9)

Etienne HAJDU (1907 Turda – 1996 Paris)
„Relief 1964"
1964 (Edition '64)
Porzellan
49 x 36 cm
Signiert, nummeriert (Etikett Rückseite)
Auflage 45 (Rosenthal-Porzellan AG)
Literatur: Katalog „documenta foundation". Kassel 1968. S. 3 (Abb.) – Katalog „ars multiplicata – vervielfältigte Kunst seit 1945". Wallraf-Richartz-Museum in der Kunsthalle Köln 1968. S. 133 (Abb.) – Katalog „ars porcellana – rosenthal relief reihe". Kölnischer Kunstverein. Köln 1968 (Abb.) – Katalog „documenta-Foundation e.V.". Stadtsparkasse Kassel 1977 – Ein Haus für die Moderne. 25 Jahre Neue Galerie 1976–2001. Staatliche Museen Kassel, Neue Galerie 2001. S. 81. AZ 2000/10

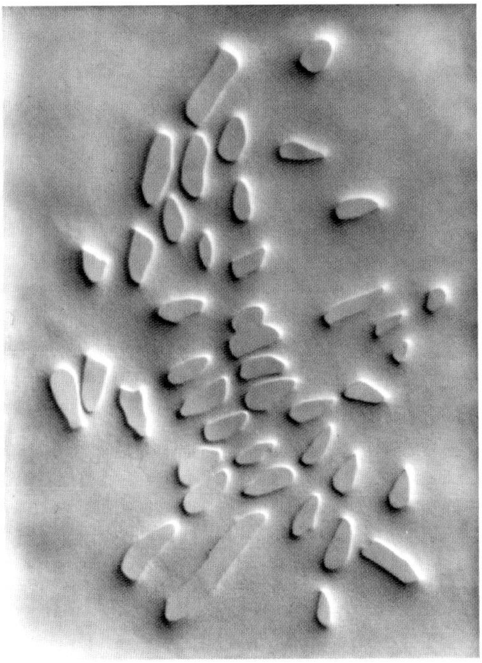

Hajdu

Richard HAMILTON (1922 London)
„The critic laughs"
1968 (Edition '68)
Offset- und Siebdruck, laminiert
59,5 x 47,2 cm
Signiert, nummeriert
Auflage 125 (Druckerei Eisfeller, Köln/ Druckerei Wery, Köln/Druckerei Guttmann, Köln)

„The Documenta IV Foundation asked a number of artists to contribute a print as part of a fund-raising scheme for the exhibition in 1968. By that time I was becoming interested in photographic colour emulsions. The trouble with photographic colour prints is that the minute amounts of dye in the emulsion are extremely fugitive and survive exposure to sunlight very badly. Changes of colour occur almost immediately and a few months can show complete decay. The photographic stylization of the Documenta print is a parody of Braun domestic appliance presentation. Such soft focus effects would be difficult to achieve with craft painting techniques. It was, therefore, reproduced by offset litho and laminated with a clear plastic film to heighten the photographic quality. The margins were screenprinted with a matt white which makes it appear like a photograph mounted on a board. [...] The interest of the print is the relationship of paint and photographic emulsion. Some thick paint was applied to the photographic print prior to reproduction and paint was added to each print by hand after lamination [...]." (R. Hamilton: Katalog Stedelijk Museum Amsterdam 1971)

„Die 'Documenta'-Graphik 'The critic laughs' wurde angeregt durch ein 'readymade'-Objekt, oder, um unserer Duchamp'schen Terminologie gerecht zu werden, ein 'bearbeitetes readymade'. Es stellt

die Verbindung zweier Massenprodukte dar – die elektrische Zahnbürste von Braun und eine gigantische Zahnprothese aus Zucker (Konfekt aus dem englischen Seebad Brighton – diese Süßigkeit ist ein Beispiel für die dunkleren Seiten des britischen Humors). Diese Verbindung erinnerte mich sofort an die 'sculpmetal'-Zahnbürste von Jasper Johns, die Backenzähne anstelle der Borsten hat. Sein Titel 'The critic smiles' schien allzu zahm für das groteske Hin- und Hergewackel der elektrisch bewegten Zähne – nicht einmal 'The critic laughs' entspricht dieser Hysterie ganz und gar.
Die elektrische Zahnbürste und das vibrierende Zuckergebiß wurde mit Hilfe von Euan Duff fotografiert. Ein Kodacolor-Abzug entstand und wurde stark retuschiert; daraus entstand ein Offset-Litho, das eine Glanzbeschichtung erhielt, um den fotografischen Charakter wiederherzustellen; schließlich kamen die handübermalten Stellen hinzu. An drei Stellen konnte Farbe in diese Struktur eindringen: in dem Gegenstand selbst, auf dem fotografischen Abzug und auf dem Offset-Litho." (R. Hamilton: Katalog Nationalgalerie Berlin 1974. S. 64)

„In 'The critic laughs', which Hamilton worked with from the late sixties to the early seventies, the different points of departure for his ideas become more complicated. The first version of his work is a photograph of a Braun electric toothbrush, on which the logotype has been replaced by Hamilton's own. To this he has added an ornament of false teeth, made of sugar. In Duchamp's term this is an 'assisted readymade'. It has been photographed by Hamilton in such a way as to resemble advertising imagery. It is important to note that Hamilton has not used an advertisement. He has only borrowed from the resources of advertisement." (Bo Nisson: Art as funktion. Katalog Moderna Museet Stockholm 1989. S. 18)

Hamilton

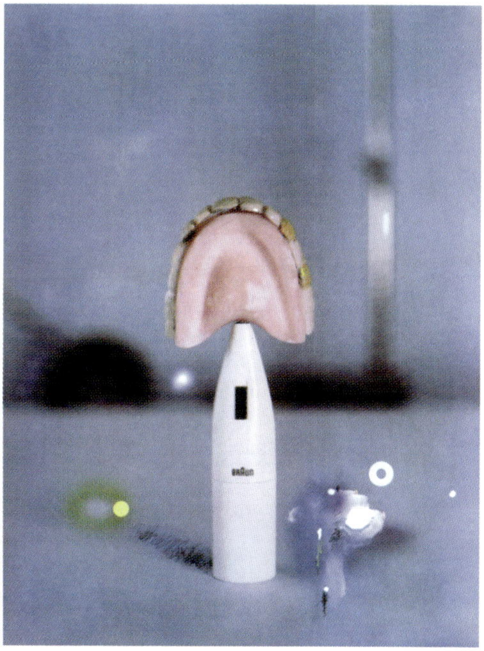

Literatur: d4. documenta foundation. In: Katalog „documenta 4". Kassel 1968. Bd. 1. S. 327 (Abb.); Bd. 2. S. 159 (Abb.) – Katalog „documenta foundation". Kassel 1968. S. 7, Abb. S. 8 – Katalog „Richard Hamilton. Bilder + Zeichnungen sowie das graphische Werk". Galerie Neuendorf Hamburg 1969. Abb. – Katalog „Richard Hamilton". Kunsthalle Bern, The Tate Gallery London 1970. S. 73, Abb. S. 74 – Katalog „Richard Hamilton. Complete Graphics." Onnasch Galerie Berlin 1970. Nr. 18, Abb. 15 – Katalog „Richard Hamilton". Stedelijk Museum Amsterdam 1971. Nr. 23 (Abb.) – Katalog „Richard Hamilton". Galerie René Block Berlin 1971 (Abb.) – Katalog „Richard Hamilton". The Solomon R Guggenheim Museum New York, Städtische Galerie im Lenbachhaus München, Kunsthalle Tübingen 1973/74. S. 61, Abb. S. 62 – Katalog „Richard Hamilton". Nationalgalerie Berlin 1974. S. 64 – Richard Hamilton: Collected Words 1953-1982. London 1982. S. 72-73 (Abb.) – Katalog „documenta-Foundation e.V.". Stadtsparkasse Kassel 1977 – Mayer, Hansjörg (Hrsg.): Richard Hamilton. Prints 1939-1983.

A complete catalogue of graphic works. Stuttgart/London 1984. S. 50 – Katalog „Richard Hamilton. Teknologi < idé > konstverk". Moderna Museet Stockholm 1989. S. 18 – Katalog „Richard Hamilton. New Technology and Printmaking". Allan Cristea Gallery London 1998. Hrsg. v. Hansjörg Meyer. S. 9 (Abb.), 32 – Arnold-Bode-Preis 1980/2000. Positionen zeitgenössischer Kunst. Hrsg. v. der Arnold-Bode-Stiftung der Stadt Kassel. Marburg 2000. Abb. S. 64

Hans Hartung

Hans HARTUNG (1904 Leipzig – 1989 Paris)
Ohne Titel
1964 (Edition '64)
Lithographie
76,2 x 56,5 cm
Signiert, nummeriert
Auflage 50 (Erker Presse, St. Gallen)

Karl Hartung

Karl HARTUNG (1908 Hamburg – 1967 Berlin)
„Relief" („Fossil 3")
1964 (Edition '64)
Bronze
18 x 15 cm
Auflage 5, davon 1 für die documenta-Foundation
Literatur: Katalog „documenta foundation". Kassel 1968. S. 3 (Abb.) – Katalog „documenta-Foundation e.V.". Stadtsparkasse Kassel 1977 – Krause, Markus: Karl Hartung 1908–1967. Metamorphosen von Mensch und Natur. Monographie und Werkverzeichnis. München 1998. S. 265 (Abb.)

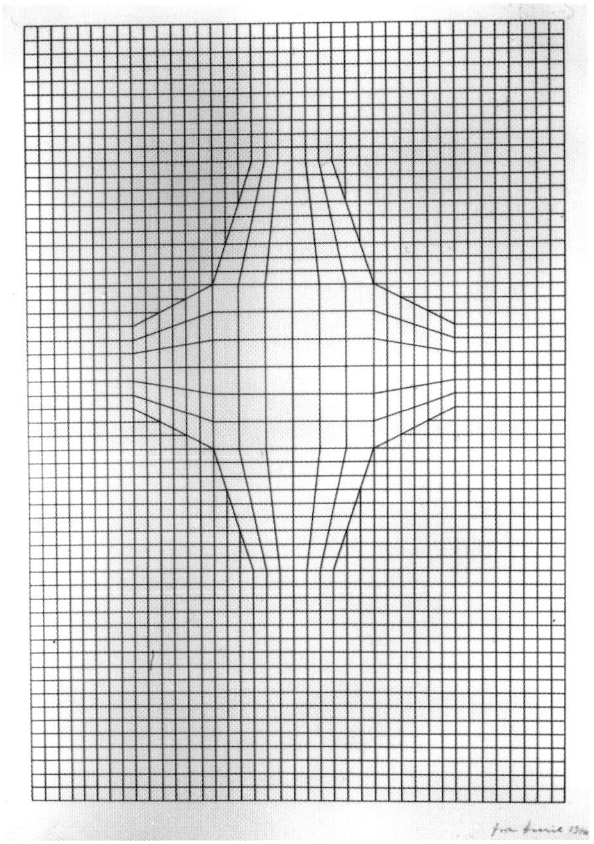

Heerich

Erwin HEERICH (1922 Kassel)
„Aus der Serie der Isometrie"
1961/68 (Edition '68)
Strichätzung
68,8 x 50,2 cm
Signiert, datiert, nummeriert
Auflage 100 (Druckerei Peukert, Köln)
Mit Unterstützung der Galerie Alfred Schmela, Düsseldorf
Literatur: Katalog „documenta foundation". Kassel 1968. S. 9, Abb. S. 8 – Katalog „documenta-Foundation e.V.". Stadtsparkasse Kassel 1977 – Ein Haus für die Moderne. 25 Jahre Neue Galerie 1976–2001. Staatliche Museen Kassel, Neue Galerie 2001. S. 79 (Abb.) AZG 1996/4 (SK 11)

Erwin HEERICH
„Klischeeobjekt"
1961/68 (Edition '68)
Zinkguß
62,5 x 45 cm
Auflage 12 (Druckerei Peukert, Köln)
Mit Unterstützung der Galerie Alfred Schmela, Düsseldorf
Literatur: Katalog „documenta foundation". Kassel 1968. S. 9 – Katalog „documenta-Foundation e.V.". Stadtsparkasse Kassel 1977 – Ein Haus für die Moderne. 25 Jahre Neue Galerie 1976–2001. Staatliche Museen Kassel, Neue Galerie 2001. S. 81.
AZ 2000/11

Held

Al HELD (1928 New York)
„Untitled I"
1966/68 (Edition '68)
Siebdruck
100 x 69 cm
Signiert, datiert, nummeriert
Auflage 150 (Druckerei Hans-Peter Haas, Stuttgart)
Mit Unterstützung der A. Emmerich Gallery, New York und Galerie Hans Müller, Stuttgart

Literatur: d4. documenta foundation. In: Katalog „documenta 4". Kassel 1968. Bd. 1. S. 327, Abb. S. 326; Bd. 2. S. 159, Abb. S. 158 – Katalog „documenta foundation". Kassel 1968. S. 9, Abb. S. 8 – Katalog „documenta-Foundation e.V.". Stadtsparkasse Kassel 1977 – Ein Haus für die Moderne. 25 Jahre Neue Galerie 1976–2001. Staatliche Museen Kassel, Neue Galerie 2001. S. 79.
AZG 1996/4 (SK 35)

Heyboer

Anton HEYBOER (1924 Sabang)
„Naarhet Gerlacht"
1964 (Edition '64)
Aquatinta-Radierung, 2-teilig
Je 107,5 x 63 cm
Signiert, nummeriert
Auflage 50 (Druckerei A. W. Schulgen, Düsseldorf)
Literatur: Katalog „documenta foundation". Kassel 1968. S. 3 (Abb.) – Katalog „documenta-Foundation e.V.". Stadtsparkasse Kassel 1977 – Ein Haus für die Moderne. 25 Jahre Neue Galerie 1976–2001. Staatliche Museen Kassel, Neue Galerie 2001. S. 79. AZG 1996/4 (SK 42, SK 43)

Hoyland

John HOYLAND (1934 Sheffield)
„Blatt Nr. 1"
1968 (Edition '68)
Lithographie
63 x 90
Signiert, datiert, nummeriert
Auflage 100 (Druckerei E. Matthieu, Zürich)
Literatur: Katalog „documenta foundation". Kassel 1968. S. 9, Abb. S. 8 – Katalog „documenta-Foundation e.V.". Stadtsparkasse Kassel 1977 – Ein Haus für die Moderne. 25 Jahre Neue Galerie 1976–2001. Staatliche Museen Kassel, Neue Galerie 2001. S. 79. AZG 1996/4 (SK 34)

HUNDERTWASSER (1928 Wien – 2000)

„Automobil mit roten Regentropfen"
1953/64 (Edition '64)
Lithographie (Reproduktion eines Aquarells von 1964)
61,5 x 87 cm
Auflage 101 (Druckerei Mourlot, Paris)

„Damals hatte ich mich mit einem Kritiker in Wien gerauft. Ich wollte, um ihm den Tachismus begreiflich zu machen – das war 1952, ziemlich lange her – beweisen, wie schön es wäre, wenn der Regen rote Tropfen fallen ließe. Das würde besonders deutlich sein, wenn die roten Regentropfen auf eine weiße Limousine fallen und dann gelbe Bahnen zurücklassen würde. [...] Man kann vom Regen lernen: Wenn es regnet, soll man doch hinausgehen auf die Straße und sein Gesicht so halten, daß die Regentropfen auf das Gesicht fallen. Die Regentropfen, die auf das Gesicht fallen, soll man zählen, und da wird man ein Glücksgefühl empfinden – besonders bei den ersten Regentropfen. Der Kritiker hat das aber falsch aufgefaßt. Er hat gemeint, ich würde ihn frozzeln und er solle mit dem Pyjama rauslaufen. Er hat nicht begriffen, daß ich etwas Ernstes meinte. Ich wollte nur einen Einführungsunterricht in Tachismus erteilen. Da ich ja nie ein Tachist war, hatte ich natürlich auf meine eigene Art und Weise versucht, mit dem Problem des Tachismus fertig zu werden. Diese roten Patzen auf dem Bild sind nicht heruntergefallene Farbe, sondern sie sind gemalt. Ich habe wohl die innersten Tropfen einfach so fallen lassen – das schon – aber die Umrandungen der einzelnen Tropfen sind gemalt. Auf dem Bild ist eine weiße Limousine von oben gesehen, etwa vom ersten Stock eines Gebäudes. Man sieht genau, wie die Trop-

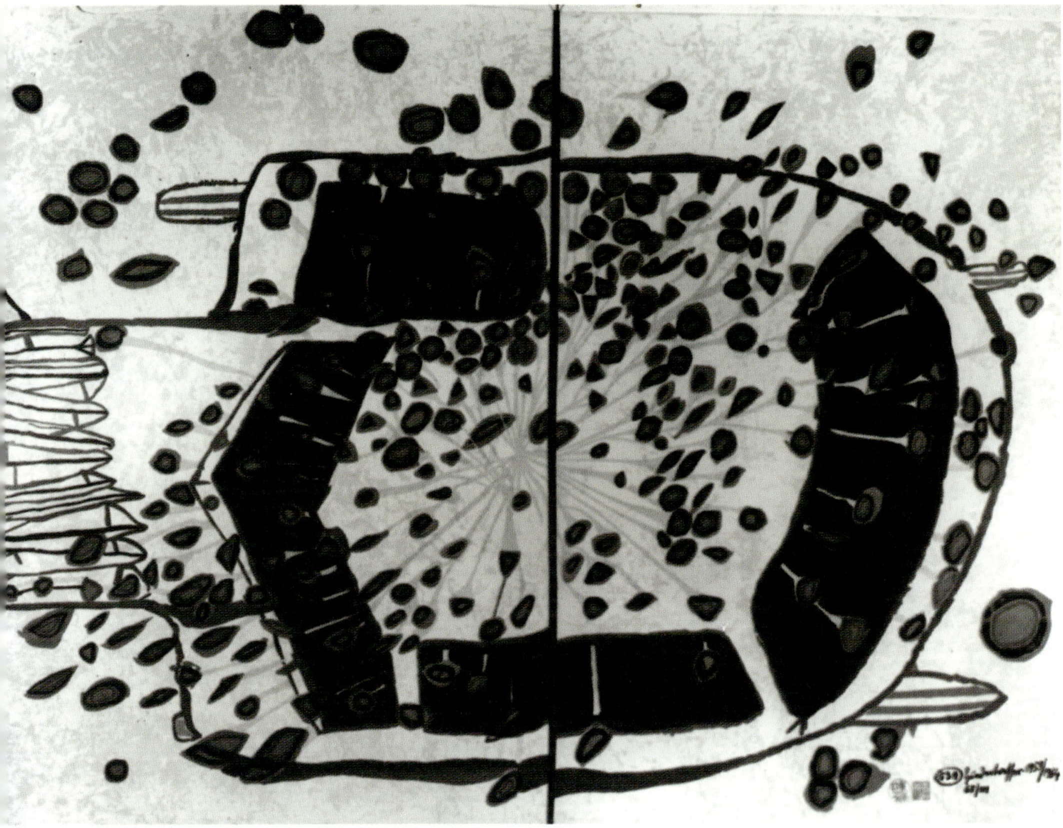

Hundertwasser

fen sich abzeichnen auf dem Dach der Limousine und auf dem Trottoir. Der Kühler, die vier Räder und die Fenster des Autos sind sichtbar – und die Bahnen, die die Regentropfen nehmen.“ (Hundertwasser: Hundertwasser. Feldafing 1964. S. 34)

Literatur: d4. documenta foundation. In: Katalog „documenta 4“. Kassel 1968. Bd. 1. S. 325 (Abb.); Bd. 2. S. 157 (Abb.) – Katalog „documenta-Foundation e.V.“. Stadtsparkasse Kassel 1977

Indiana

Robert INDIANA (1928 New York)
„The German Four" („Für Kassel")
1968 (Edition '68)
Siebdruck
73 x 73 cm
Signiert, datiert, nummeriert
Auflage 100 (Druckerei Hans-Peter Haas, Stuttgart)
Mit Unterstützung der Galerie Alfred Schmela, Düsseldorf

„Im Auftrag der Documenta 4, der das Blatt vom Künstler geschenkt wurde als Beitrag zur Unkostendeckung dieser großen internationalen Ausstellung in Kassel im Sommer 1968, bei der er mit etwa 24 Werken vertreten war. Die Zahl 4 in den deutschen Nationalfarben; das Original Collage." (Robert Indiana. Druckgraphik und Plakate 1961-1971. S. 82)

Literatur: d4. documenta foundation. In: Katalog „documenta 4". Kassel 1968. Bd. 1. S. 327, Abb. S. 326; Bd. 2. S. 159, Abb. S. 158 – Katalog „documenta foundation". Kassel 1968. S. 9, Abb. S. 8 – Katalog „Pop-Sammlung Beck". Rheinisches Landesmuseum Bonn 1970. S. 89, Abb. 13 – Robert Indiana. Druckgraphik und Plakate 1961-1971. Stuttgart/New York 1971. S. 15, 82 (92), 28 (Abb.) – Katalog „documenta-Foundation e.V.". Stadtsparkasse Kassel 1977 – Katalog „Robert Indiana. Rétrospective 1958-1998". Musée d'Art Moderne et d'Art Contemporain, Nizza 1998. S. 301 (302) – Ein Haus für die Moderne. 25 Jahre Neue Galerie 1976–2001. Staatliche Museen Kassel, Neue Galerie 2001. S. 79. AZG 1996/4 (SK 47)

Jacquet

Alain JACQUET (1939 Neuilly)

Ohne Titel
1968 (Edition '68)
Siebdruck
90 x 60 cm
Signiert, datiert, nummeriert
Auflage 125 (Druckerei Wery, Köln)
Mit Unterstützung der Galerie Yvon Lambert, Paris
Literatur: Katalog „documenta foundation". Kassel 1968. S. 9, Abb. S. 8 – Katalog „documenta-Foundation e.V.". Stadtsparkasse Kassel 1977 – Ein Haus für die Moderne. 25 Jahre Neue Galerie 1976–2001. Staatliche Museen Kassel, Neue Galerie 2001. S. 79. AZG 1996/4 (SK 39–SK 41)

Menashe KADISHMAN (1932 Tel Aviv)

„Suspense"
1968 (Edition '68)
Holz, Glas
20 x 17 x 3,5 cm
Signiert, datiert, nummeriert
Auflage 20
Literatur: Katalog „documenta foundation". Kassel 1968. S. 14 (Abb.) – Katalog „documenta-Foundation e.V.". Stadtsparkasse Kassel 1977 – Ein Haus für die Moderne. 25 Jahre Neue Galerie 1976–2001. Staatliche Museen Kassel, Neue Galerie 2001. S. 81 (Abb.) AZ 2000/12

Kadishman

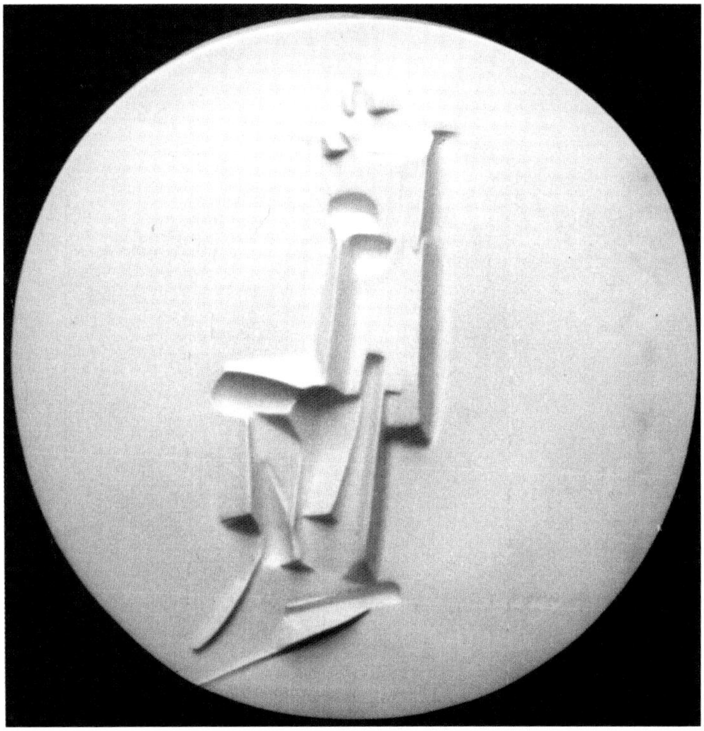

Koenig

Fritz KOENIG (1924 Würzburg)
„Relief '64"
1964 (Edition '64)
Porzellan
Durchmesser 31 cm, Höhe 4,5 cm
Signiert, nummeriert (Etikett Rückseite)
Auflage 50 (Rosenthal-Porzellan AG)
Literatur: Katalog „ars porcellana – rosenthal relief reihe". Kölnischer Kunstverein. Köln 1968 (Abb.)

Nicholas KRUSHENICK (1929 New York)
„documenta print"
1968 (Edition '68)
Siebdruck
61,5 x 51 cm
Signiert, datiert, nummeriert
Auflage 100 (Druckerei Hans-Peter Haas, Stuttgart)
Mit Unterstützung der Pace Gallery, New York und Galerie Hans Müller, Stuttgart
Literatur: Katalog „documenta foundation". Kassel 1968. S. 9 (Abb.) – Honisch, Dieter / Jensen, Jens Christian: Amerikanische Kunst von 1945 bis heute. Kunst der USA in europäischen Sammlungen. Köln 1976. S. 332/333. Abb. 101 – Katalog „documenta-Foundation e.V.". Stadtsparkasse Kassel 1977 – Ein Haus für die Moderne. 25 Jahre Neue Galerie 1976–2001. Staatliche Museen Kassel, Neue Galerie 2001. S. 80.
AZG 1996/4 (SK 21)

Krushenick

Lenk

Kaspar-Thomas LENK (1933 Berlin)
„Serigraphie Nr. 15"
1968 (Edition '68)
Siebdruck
59,5 x 59,5 cm
Signiert, datiert, nummeriert
Auflage 60 (Druckerei Karl Löw, Korntal)
Mit Unterstützung der Galerie Hans Müller, Stuttgart
Literatur: Katalog „documenta foundation". Kassel 1968. S. 9 (Abb.) – Katalog „documenta-Foundation e.V.". Stadtsparkasse Kassel 1977 – Ein Haus für die Moderne. 25 Jahre Neue Galerie 1976–2001. Staatliche Museen Kassel, Neue Galerie 2001. S. 80. AZG 1996/4 (SK 26)

Kaspar-Thomas LENK
„Serigraphie Nr. 16"
1968 (Edition '68)
Siebdruck
80 x 60 cm
Signiert, datiert, nummeriert
Auflage 60 (Druckerei Karl Löw, Korntal)
Mit Unterstützung der Galerie Hans Müller, Stuttgart
Literatur: Katalog „documenta foundation". Kassel 1968. S. 9 (Abb.) – Katalog „documenta-Foundation e.V.". Stadtsparkasse Kassel 1977

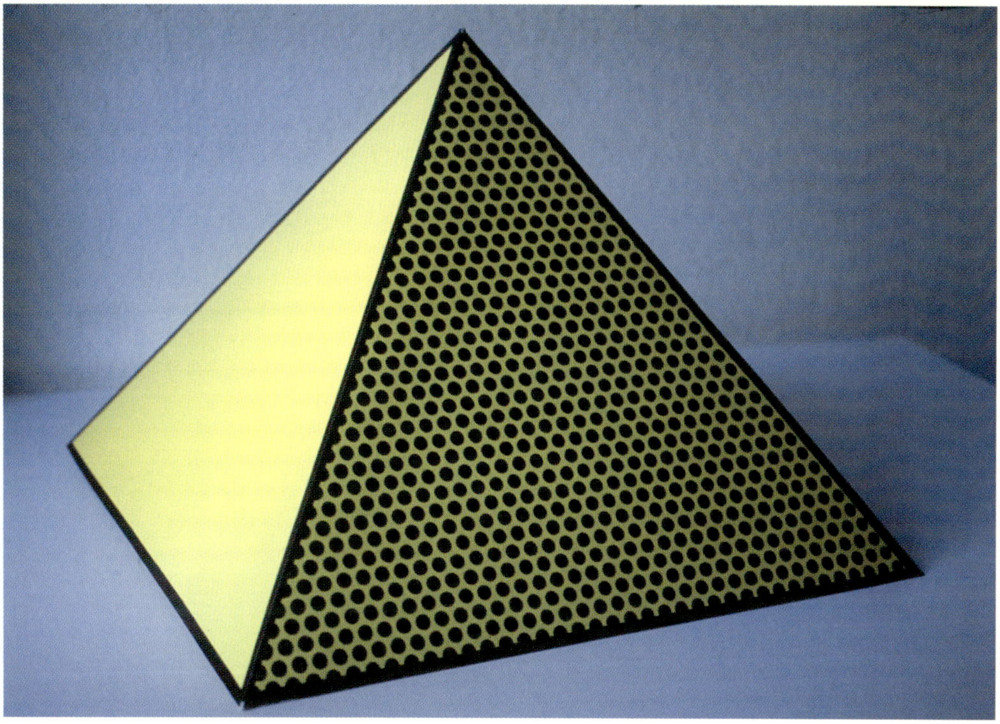

Lichtenstein

Roy LICHTENSTEIN (1923 New York)
„Egyptian Pyramid"
1968 (Edition '68)
Siebdruck auf Papier, aufgezogen, gefaltet
35 x 35 x 50 cm
Signiert, nummeriert
Auflage 300
Mit Unterstützung von Leo Castelli Gallery, New York und Galerie Ileana Sonnabend, Paris
Literatur: Katalog „documenta foundation". Kassel 1968. S. 10 (Abb.) – Roy Lichtenstein. Drawings and Prints. London 1971. S. 233 (Abb.) – Katalog „documenta-Foundation e.V.". Stadtsparkasse Kassel 1977 – Ein Haus für die Moderne. 25 Jahre Neue Galerie 1976–2001. Staatliche Museen Kassel, Neue Galerie 2001. S. 80 (Abb.) AZG 1996/4 (SK 28 – AZ 29)

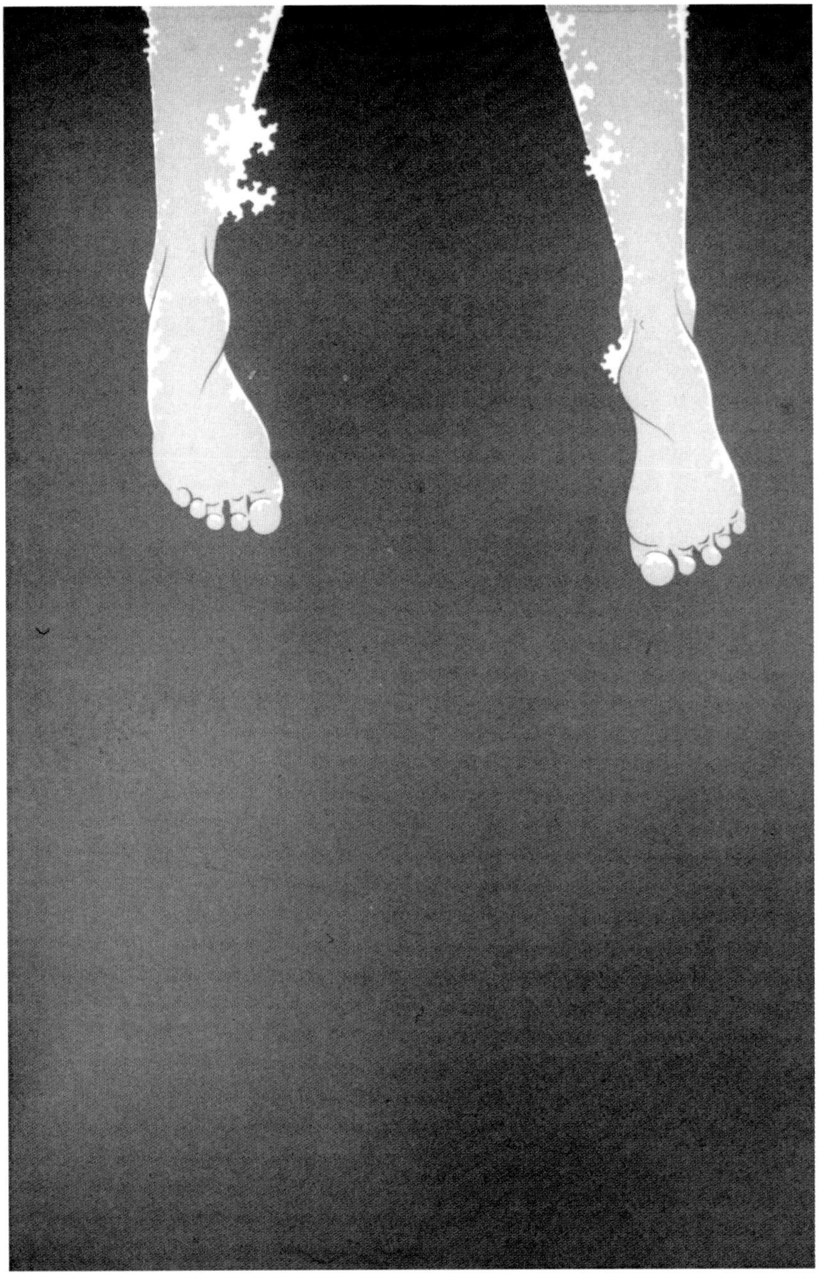

Malaval

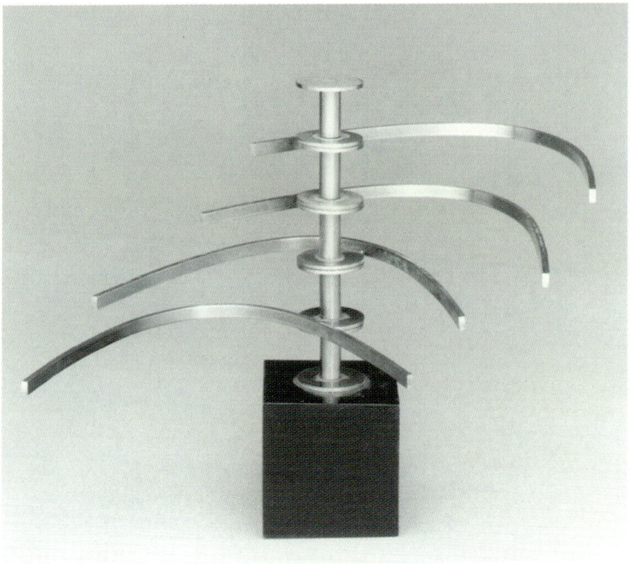

Martin

Robert MALAVAL (1937 Nizza – 1980 Paris)
„Les Pieds"
1968 (Edition '68)
Siebdruck
100 x 65 cm
Signiert, nummeriert
Auflage 100 (Druckerei Wery, Köln)
Mit Unterstützung der Galerie Yvon Lambert, Paris
Literatur: Katalog „documenta foundation". Kassel 1968. S. 10 (Abb.) – Katalog „documenta-Foundation e.V.". Stadtsparkasse Kassel 1977 – Ein Haus für die Moderne. 25 Jahre Neue Galerie 1976–2001. Staatliche Museen Kassel, Neue Galerie 2001. S. 80. AZG 1996/4 (SK 38)

Kenneth MARTIN (1905 Sheffield – 1984 London)
„Variable 1968"
1968 (Edition '68)
Messing auf Holzsockel
30 x 12 x 12 cm
Signiert, nummeriert (Sockel)
Auflage 50 (Werkstatt Kenneth Martin, London)
Mit Unterstützung der Axiom Gallery, London
Literatur: Katalog „documenta foundation". Kassel 1968. S. 10 (Abb.) – Katalog „Kenneth Martin". Tate Gallery London 1975. S. 53, 91 (Abb.) – Katalog „documenta-Foundation e.V.". Stadtsparkasse Kassel 1977 – Ein Haus für die Moderne. 25 Jahre Neue Galerie 1976–2001. Staatliche Museen Kassel, Neue Galerie 2001. S. 81. AZ 2000/13

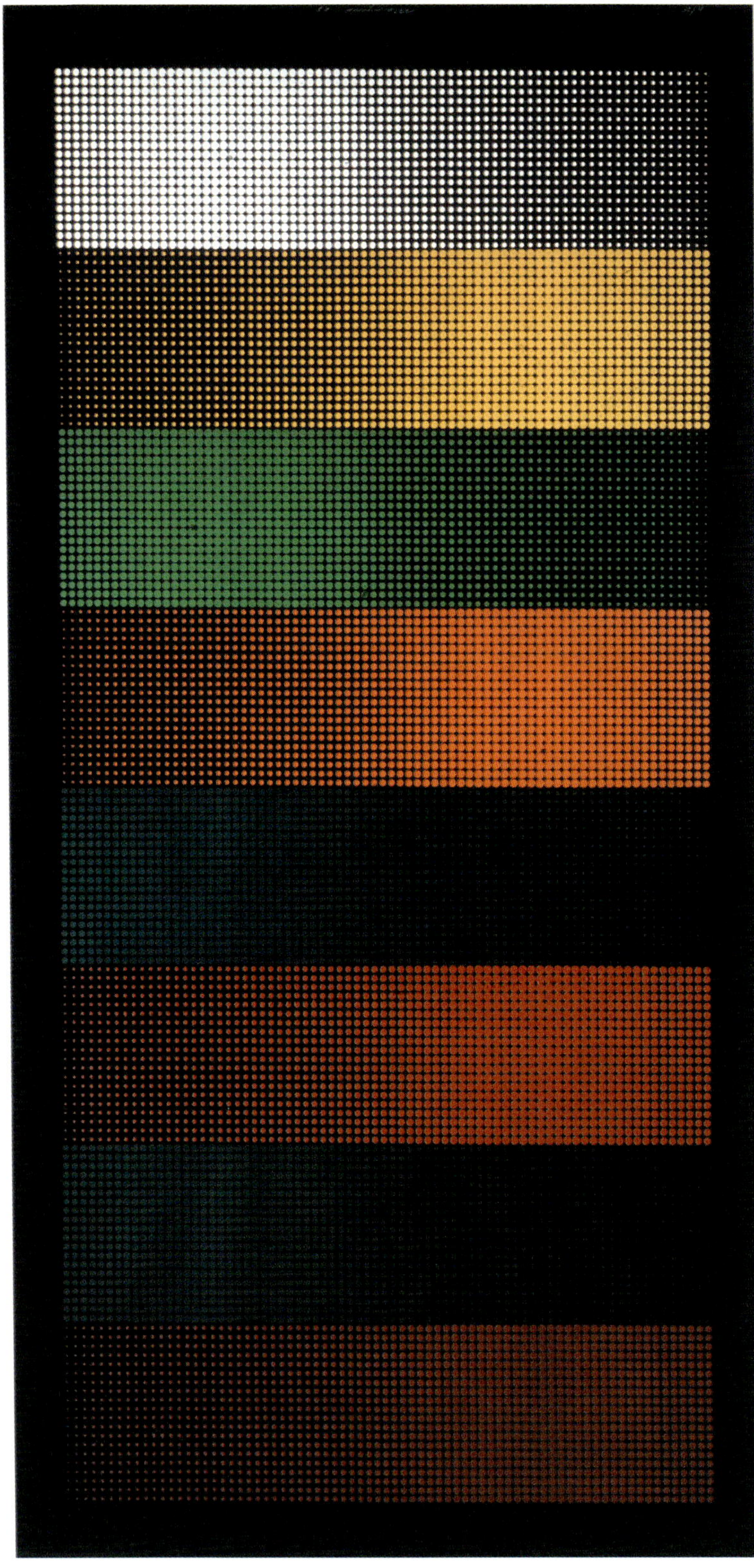

Mavignier

Almir MAVIGNIER (1925 Rio de Janeiro)
„Vorn und Hinten 8"
1968 (Edition '68)
8-farbiger Siebdruck auf PVC-Folie
173,5 x 87,5 cm
Signiert, datiert, nummeriert
Auflage 25 (Druckerei Meißner, Hamburg)
Mit Unterstützung der Galerie Der Spiegel, Köln
Literatur: Katalog „documenta foundation". Kassel 1968. S. 10 (Abb.) – Katalog „Almir Mavignier. Serielle Farbprogressionen". Kunstgewerbemuseum Zürich 1975. S. 7 – Katalog „documenta-Foundation e.V.". Stadtsparkasse Kassel 1977 – Katalog „Kunst + Design. Almir Mavignier". Bauhaus-Archiv Berlin, Wilhelm-Hack-Museum Ludwigshafen, Ulmer Museum, Kunstverein Ulm 1985. S. 44 (Abb.)

Almir MAVIGNIER
„Vorn und Hinten 9"
1968 (Edition '68)
4-farbiger Siebdruck auf PVC-Folie
173,5 x 87,5 cm
Signiert, datiert, nummeriert
Auflage 25 (Druckerei Meißner, Hamburg)
Mit Unterstützung der Galerie Der Spiegel, Köln
Literatur: Katalog „documenta foundation". Kassel 1968. S. 10 – Katalog „Almir Mavignier. Serielle Farbprogressionen". Kunstgewerbemuseum Zürich 1975. S. 7, Abb. S. 48 – Katalog „documenta-Foundation e.V.". Stadtsparkasse Kassel 1977

Almir MAVIGNIER
„Vorn und Hinten 10"
1968 (Edition '68)
2-farbiger Siebdruck auf PVC-Folie
173,5 x 87,5 cm
Signiert, datiert, nummeriert
Auflage 20 (Druckerei Meißner, Hamburg)
Mit Unterstützung der Galerie Der Spiegel, Köln
Literatur: Katalog „documenta foundation." Kassel 1968. S. 10 – Katalog „Almir Mavignier. Serielle Farbprogressionen". Kunstgewerbemuseum Zürich 1975. S. 7 – Katalog „documenta-Foundation e.V.". Stadtsparkasse Kassel 1977

Mortensen

Henry MOORE (1898 Castleford – 1986 Much Hadham)
„Kopf"
1963/64 (Edition '64)
Bronze
20 x 10 x 10 cm
Auflage 6, davon 2 für die documenta-Foundation
Mit Unterstützung der Marlborough Gallery, London

Richard MORTENSEN (1910 Kopenhagen – 1993 Kopenhagen)
„Komposition"
1964 (Edition '64)
Siebdruck
58 x 77,5 cm
Signiert, datiert, nummeriert
Auflage 100 (Druckerei Arcay, Paris)
Literatur: d4. documenta foundation. In: Katalog „documenta 4". Kassel 1968. Bd. 1. S. 325, Abb. S. 324; Bd. 2. S. 157, Abb. S. 156 – Katalog „documenta foundation". Kassel 1968. S. 4 (Abb.) – Katalog „documenta-Foundation e.V.". Stadtsparkasse Kassel 1977 – Ein Haus für die Moderne. 25 Jahre Neue Galerie 1976–2001. Staatliche Museen Kassel, Neue Galerie 2001. S. 80.
AZG 1996/4 (SK 33)

Nay

Ernst Wilhelm NAY (1902 Berlin – 1968 Köln)
„Farbaquatinta 1964 (NOR)"
1964 (Edition '64)
Aquatinta, 5-farbig
50 x 38 cm
Signiert, datiert, nummeriert
Auflage 100 (Druckerei Georges Visat, Paris)
Mit Unterstützung der Galerie Der Spiegel, Köln)
Literatur: d4. documenta foundation. In: Katalog „documenta 4". Kassel 1968. Bd. 1. S. 325 (Abb.); Bd. 2. S. 157 (Abb.) – Katalog „Nay". Bilder, Aquarelle, Gouachen, Zeichnungen, Graphik aus der Sammlung Günther Franke". Galerie Günther Franke München 1973. Nr. 97 (Abb.) – Ernst Wilhelm Nay. Die Druckgraphik 1923–1968. Stuttgart 1975. S. 158

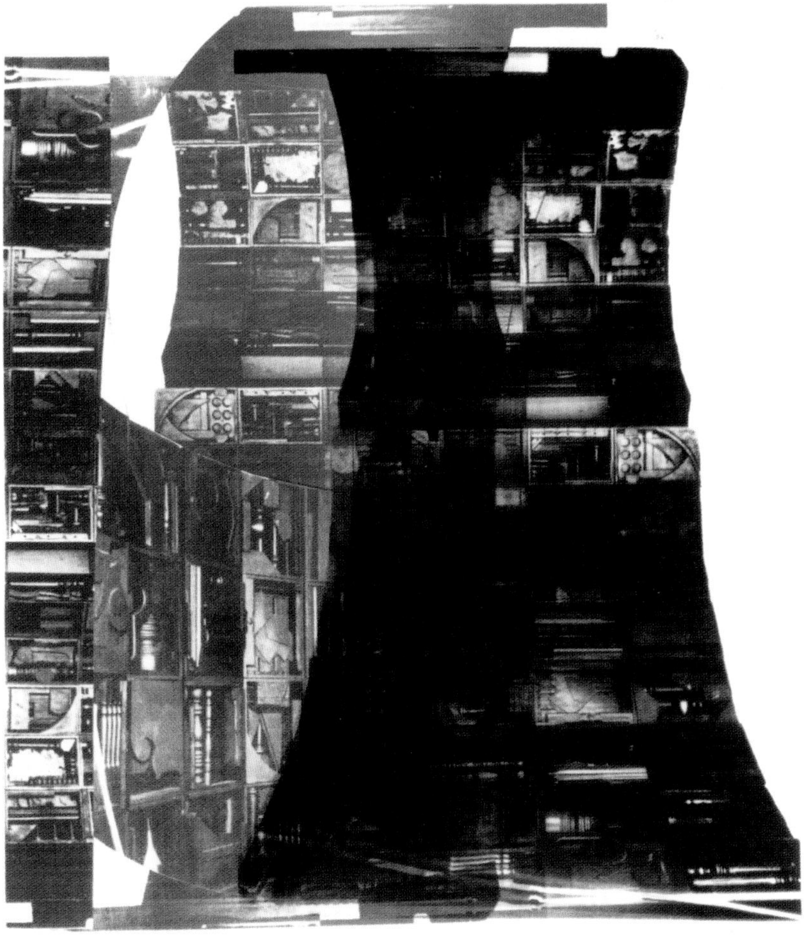

Nevelson

Louise NEVELSON (1900 Kiew – 1988 New York)
„Night Reflections"
1968 (Edition '68)
Offsetdruck
67,3 x 59 cm
Signiert, nummeriert
Auflage 100 (Druckerei Haarhaus, Köln)
Mit Unterstützung der Pace Gallery, New York

Literatur: d4. documenta foundation. In: Katalog „documenta 4". Kassel 1968. Bd. 1. S. 327, Abb. S. 326; Bd. 2. S. 159, Abb. S. 158 – Katalog „documenta foundation". Kassel 1968. S. 10 (Abb.) – Katalog „documenta-Foundation e.V.". Stadtsparkasse Kassel 1977 – Ein Haus für die Moderne. 25 Jahre Neue Galerie 1976–2001. Staatliche Museen Kassel, Neue Galerie 2001. S. 80.
AZG 1996/4 (SK 24–SK 25))

Noland

Kenneth NOLAND (1924 Asheville)
„Shadow Line"
1968 (Edition '68)
Siebdruck auf Leinen
44 x 122 cm
Auflage 150 (Druckerei Hans-Peter Haas, Stuttgart)
Mit Unterstützung der A. Emmerich Gallery, New York
Literatur: d4. documenta foundation. In: Katalog „documenta 4". Kassel 1968. Bd. 1. S. 327 (Abb.); Bd. 2. S. 159 (Abb) – Katalog „documenta foundation". Kassel 1968. S. 11 (Abb.) – Katalog „documenta-Foundation e.V.". Stadtsparkasse Kassel 1977

Nicholson

Ben NICHOLSON (1894 Denham – 1982 London)
„Relief documenta III"
1964 (Edition `64)
40 x 60 cm
Auflage 35 (Rosenthal-Porzellan AG)
Literatur: Katalog „ars porcellana – rosenthal relief reihe". Kölnischer Kunstverein. Köln 1968 (Abb.)

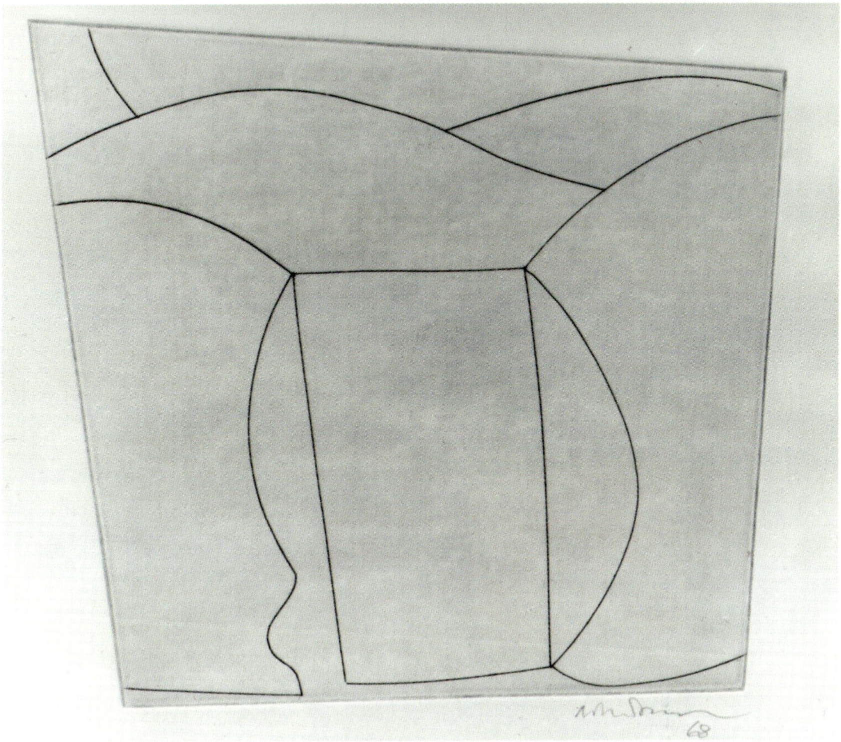

Nicholson

Ben NICHOLSON

„Komposition" („Two Goblets and a Mug in a Landscape")
1968
Radierung
32 x 38 cm
Signiert, datiert, nummeriert
Auflage 50 (Eigendruck)
Literatur: Katalog „documenta-Foundation e.V.". Stadtsparkasse Kassel 1977 – Ein Haus für die Moderne. 25 Jahre Neue Galerie 1976–2001. Staatliche Museen Kassel, Neue Galerie 2001. S. 80. AZG 1996/4 (SK 3)

Oldenburg

Claes OLDENBURG (1929 Stockholm)
„Nose" („Nose Handkerchief")
1968 (Edition '68)
Siebdruck auf Seidentaschentuch
Ca. 45 x 45 cm
Signiert, datiert, nummeriert
Auflage 150 (Druckerei Hans-Peter Haas, Stuttgart)
Mit Unterstützung der Sidney Janis Gallery, New York
Literatur: Katalog „documenta foundation". Kassel 1968. S. 11 (Abb.) – Katalog „Pop-Sammlung Beck". Rheinisches Landesmuseum Bonn 1970. S. 132, Abb. 7 – Katalog „Amerikanische Graphik seit 1980". Bündner Kunsthaus Chur, Kunstverein Solothurn, Musée d'art et d'histoire Geneve, Kunsthaus Aarau, Kunstmuseum Basel 1972/73. Nr. 41 – Katalog „documenta-Foundation e.V.". Stadtsparkasse Kassel 1977 – Katalog „Claes Oldenburg. Multiples 1964–1990". Portikus Frankfurt am Main, Lenbachhaus München, Hochschule für angewandte Kunst in Wien 1992. S. 88 (Abb.) – Ein Haus für die Moderne. 25 Jahre Neue Galerie 1976–2001. Staatliche Museen Kassel, Neue Galerie 2001. S. 81. AZ 2000/14

Poliakoff

Serge POLIAKOFF (1906 Moskau – 1969 Paris)

Ohne Titel

1964 (Edition '64)

Aquatinta, 3- und 6-farbig

45,8 x 52,7 cm

Signiert, nummeriert

Auflage 100

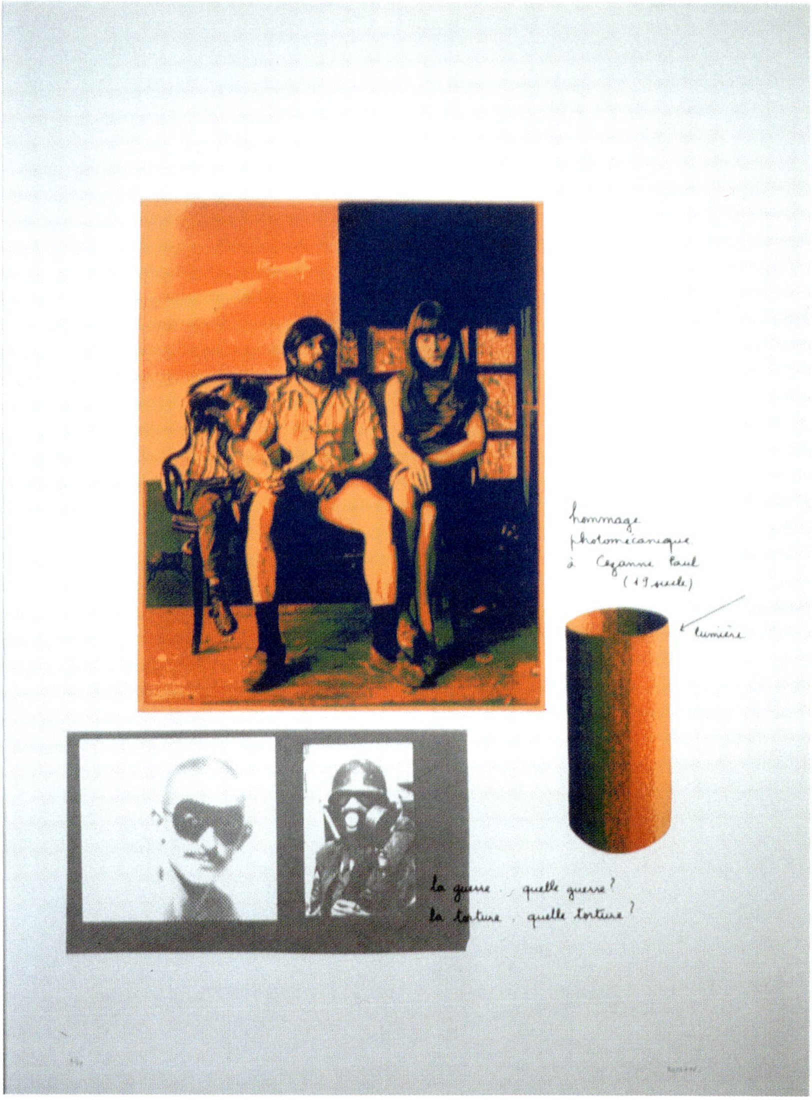

Ramon

RAMON (1937 Rouba)
„La guerre – quelle guerre? La torture – quelle torture?"
1968 (Edition '68)
Lithographie
65 x 50 cm
Signiert, nummeriert
Auflage 100 (Eigendruck)
Literatur: d4. documenta foundation. In: Katalog „documenta 4". Kassel 1968. Bd. 1. S. 327, Abb. S. 326; Bd. 2. S. 159, Abb. S. 158 – Katalog „documenta foundation". Kassel 1968. S. 11 (Abb.) – Katalog „documenta-Foundation e.V.". Stadtsparkasse Kassel 1977 – Ein Haus für die Moderne. 25 Jahre Neue Galerie 1976–2001. Staatliche Museen Kassel, Neue Galerie 2001. S. 80.
AZG 1996/4 (SK 1)

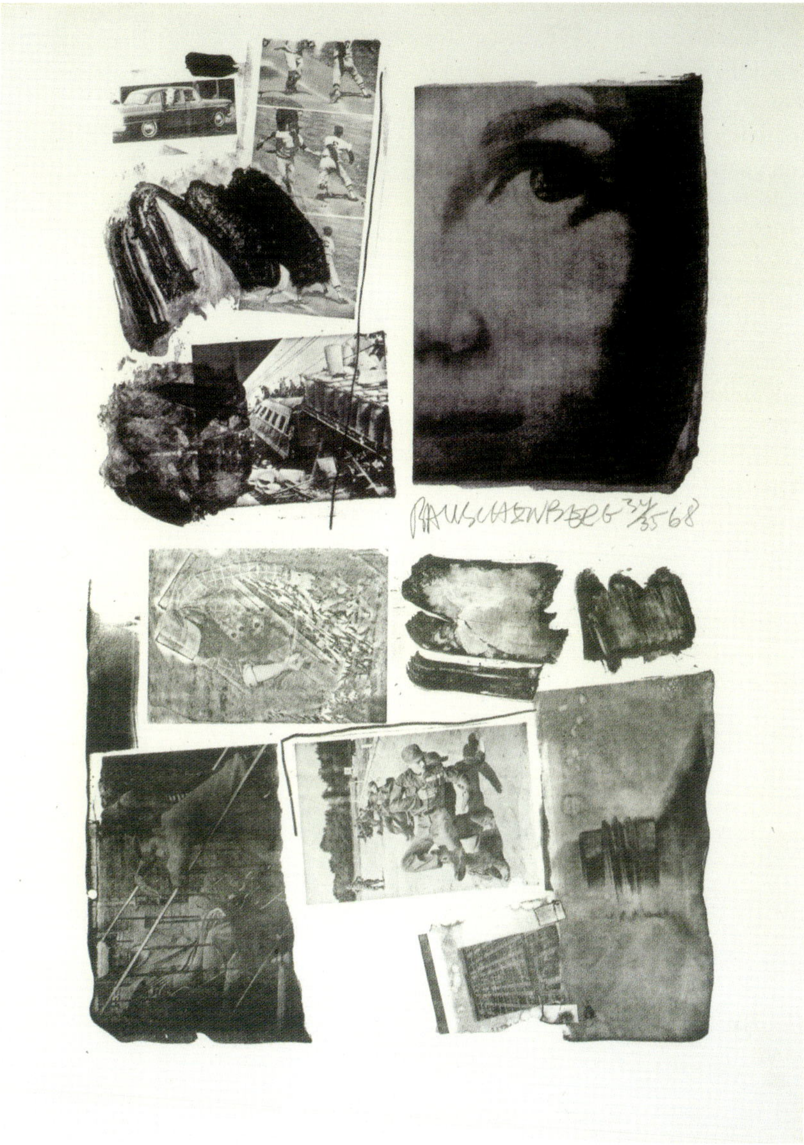

Rauschenberg

Robert RAUSCHENBERG (1925 Port Arthur)
„Pledge"
1968 (Edition '68)
Lithographie
79 x 58 cm
Signiert, datiert, nummeriert
Auflage 35 (Universal Ltd. Art Editions, West Islip, New Island, New York)
Mit Unterstützung der Leo Castelli Gallery, New York und Galerie Ricke, Köln

„'Pledge' [...] was made in conjunction with Rauschenberg's large, kinetic sculptural construction 'Solstice'. By recombining familar social and cultural imagery in a clearer, more ordered fashion, he was commenting simultaneously upon the interaction between art and technology, and the relationship between man and machine, themes that were expressed in technically complex, mechanized pieces such as 'Solstice'.

The persistent and increasing presence of military images in his work from the late 1960s, evident in 'Pledge', was an outgrowth of Rauschenberg's strong opposition to the Vietnam war, which has sharply escalated during the year in which this piece was created." (Katalog Susan Sheenan Gallery New York 1989)

Literatur: Katalog „documenta foundation". Kassel 1968. S. 11 (Abb.) – Katalog „documenta-Foundation e.V.". Stadtsparkasse Kassel 1977 – Katalog „American Prints from the Sixties". Susan Sheenan Gallery New York 1989. (Abb.) – Thümmler, Sabine/Ottomeyer, Hans: Geschenkt & gekauft. Neuerwerbungen der Staatlichen Museen Kassel 1995–1999. Wolfratshausen 1999. S. 66-68 (Abb.) – Ein Haus für die Moderne. 25 Jahre Neue Galerie 1976–2001. Staatliche Museen Kassel, Neue Galerie 2001. S. 80. AZG 1996/4 (SK 45)

Robert RAUSCHENBERG

„Promise"
1968 (Edition '68)
Lithographie
79 x 58 cm
Signiert, datiert, nummeriert
Auflage 35 (Universal Ltd. Art Editions, West Islip, New Island, New York)
Mit Unterstützung der Leo Castelli Gallery, New York und Galerie Ricke, Köln
Literatur: Katalog „documenta foundation". Kassel 1968. S. 11 (Abb.) – Katalog „documenta-Foundation e.V.". Stadtsparkasse Kassel 1977 – Ein Haus für die Moderne. 25 Jahre Neue Galerie 1976–2001. Staatliche Museen Kassel, Neue Galerie 2001. S. 80. AZG 1996/4 (SK 46)

Rickey

George RICKEY

„Fünf Dreiecke II" („Five Triangles II")
1968 (Edition '68)
Stahlblech auf schwarzem Sockel
40 x 50 x 11 cm
Signiert, nummeriert (Sockel)
Auflage 25 (Eigene Herstellung)
Mit Unterstützung der Galerie Springer, Berlin

„Diese Formen gehen auf mein Interesse an der 'Ökonomie der Mittel' zurück, sei es im Sprachgebrauch oder auf der Suche nach der Illusion von Größe oder Masse aus eindimensionalem (Draht) oder zweidimensionalem Material (Blech), wobei diese Formen dann noch in eine weitere Dimension gerückt werden, und zwar durch Bewegung auf einfachstem Lager: eine Ausbuchtung oder Schale, die auf einer Spitze sitzen – immer noch die universalste aller Verbindungen. [...] Die Schwingungsgeschwindigkeit wird durch den Abstand des Stützpunktes über dem Schwerpunkt geregelt. Sie kann durch Biegen des seitlichen Dreiecks nach oben oder unten geändert werden. Ebenso wird die horizontale Anordnung der ganzen Einheit durch Biegen des Dreiecks am breiten Ende nach oben oder unten gesteuert. [...] Aufgrund des Loches kann die Säule auf eine schwere Basis geschraubt werden [...]. Ich stellte diese Skulptur in einer Auflage von 25 her. Sie sollte zugunsten der documenta IV 1968 in Kassel verkauft werden." (G. Rickey: George Rickey in Berlin. S. 154/55)

Literatur: Katalog „documenta foundation". Kassel 1968. S. 12 (Abb.) – Katalog „George Rickey. Kinetic Sculptures". Middlebury College, Vermont, 1971 – Katalog „documenta-Foundation e.V.". Stadtsparkasse Kassel 1977 – Merkert, Jörn/Prinz, Ursula (Hrsg.): George Rickey in Berlin 1967–1992. Berlinische Galerie. Berlin 1992. S. 153-154. Abb. S. 155 – Ein Haus für die Moderne. 25 Jahre Neue Galerie 1976–2001. Staatliche Museen Kassel, Neue Galerie 2001. S. 81. AZ 2000/15

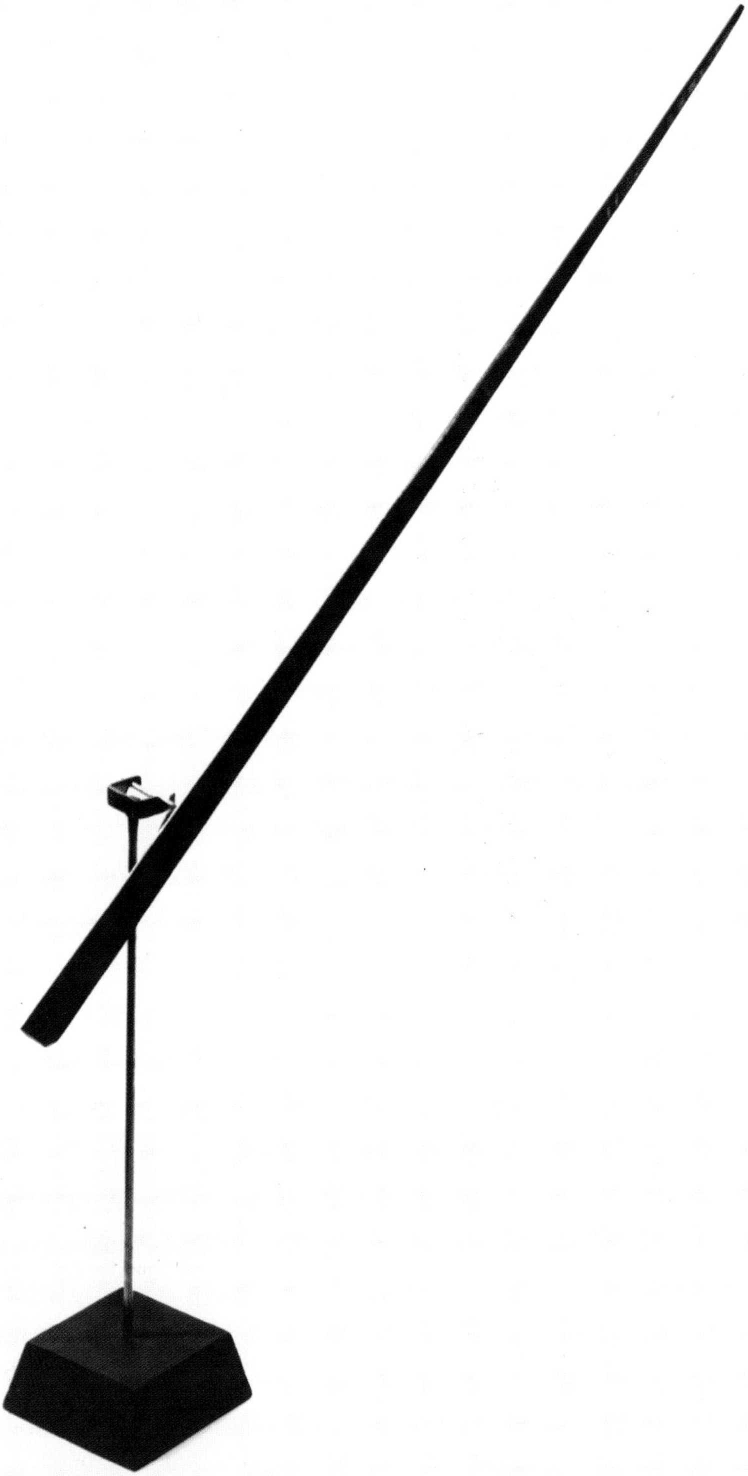

Rickey

George RICKEY (1907 South Bend)
„Moving Blade" („Single Line")
1964 (Edition '64)
Stahlblech auf schwarzem Sockel
25 x 45 cm
Signiert, nummeriert (Sockel)
Auflage 50 (Eigene Herstellung)
Mit Unterstützung der Galerie Springer, Berlin

„Rickey wurde gebeten, eine Edition für die documenta-Stiftung anzufertigen und ihr zu schenken. Er schuf die 'Einzelne Linie', eine 'sich verjüngende bewegliche Nadel von ca. 50 cm Länge, die sich an einem Stab aus Edelstahl von 20 cm Höhe langsam hebt und senkt.' [George Rickey an Arnold Bode, 23. April 1964] Die Skulpturen sollten einzeln von ihm in seinem Atelier in East Chatham, New York, angefertigt werden. Rickey schaffte nur etwa die Hälfte der erhofften Anzahl und wiederholte nie wieder eine derart umfangreiche Pflichtübung, aber dies war ein weiterer – reduzierender und verfeinernder – Schritt in Rickeys Bemühen, Linien in Bewegung zu erforschen."
(L. Barnes: George Rickey in Berlin. S. 143/44)

„Eine einzelne, sich verjüngende Linie, die sich, auf den Wind reagierend, bewegt, durch Lager ihre Rotationsebene beibehält, in der Geschwindigkeit und dem Bogen, den sie beschreibt, selbständig ist, sich nur durch ihre Bewegung ausdrückt, wie die Wellen, die Wolken oder eine Schaukel mit einem Kind darauf. Es läßt sich wenig über sie sagen, aber sie spricht." (G. Rickey: George Rickey in Berlin. S. 145)

Literatur: d4. documenta foundation. In: Katalog „documenta 4". Kassel 1968. Bd. 1. S. 325 (Abb.); Bd. 2. S. 157 (Abb.) – Katalog „documenta foundation". Kassel 1968. S. 4 (Abb.) – Katalog „documenta-Foundation e.V.". Stadtsparkasse Kassel 1977 – Rosenthal, Nan: George Rickey. New York 1977. Abb. 136 – Merkert, Jörn / Prinz, Ursula (Hrsg.): George Rickey in Berlin 1967–1992. Berlinische Galerie. Berlin 1992. S. 143-145. Abb. S. 144

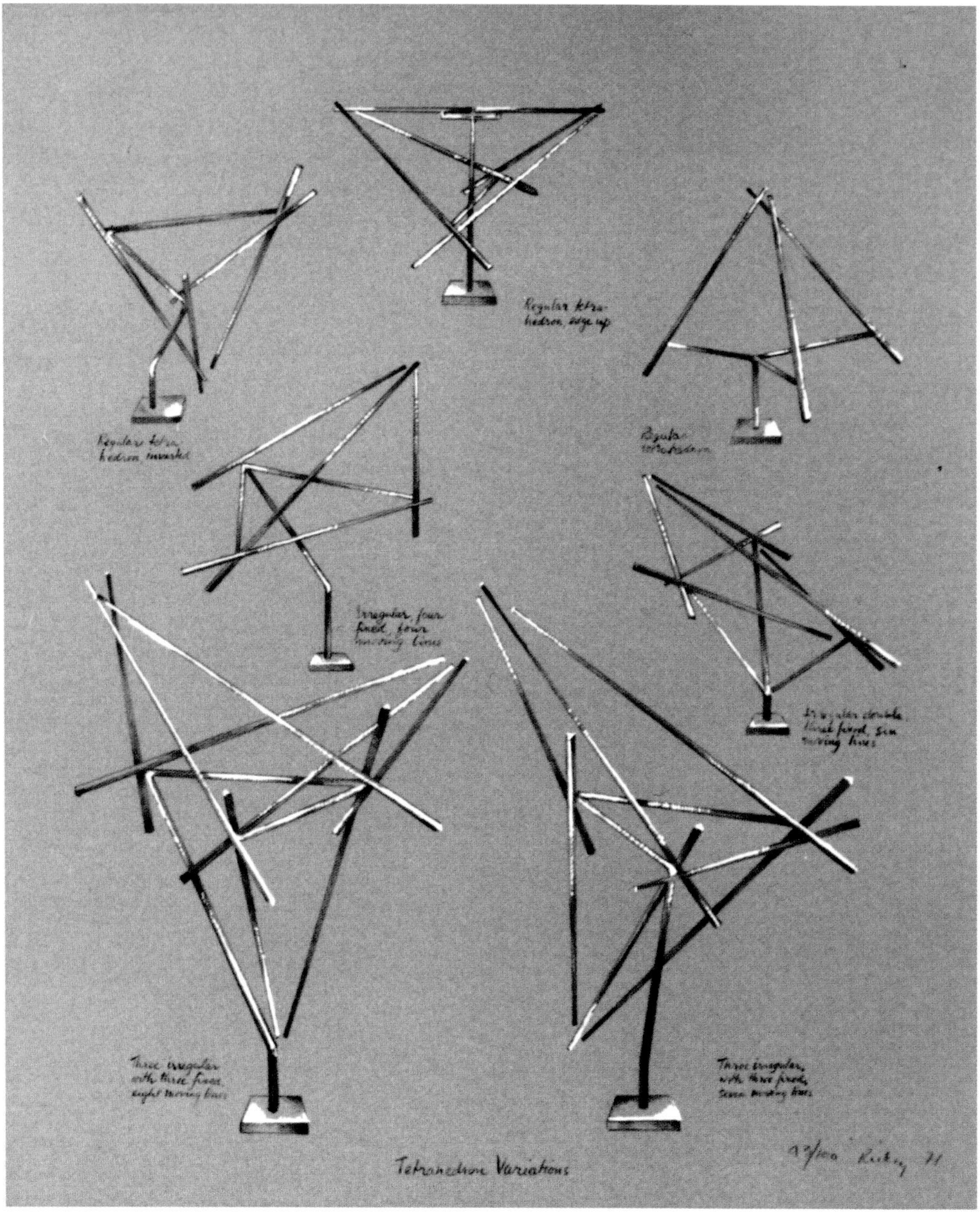

Rickey

George RICKEY

„Tetrahedron Variations"

1971

Lithographie

56 x 46 cm

Signiert, datiert, nummeriert

Auflage 100

Literatur: Katalog „documenta-Foundation e.V.". Stadtsparkasse Kassel 1977

Rosenquist

James ROSENQUIST (1933 Grand Forks)
„documenta-Poster"
1968 (Edition '68)
Offsetdruck
60 x 50 cm
(Druckerei Gabriele Mazotta, Mailand)
Mit Unterstützung der Leo Castelli Gallery, New York und Galerie Ileana Sonnabend, Paris
Literatur: Katalog „documenta foundation". Kassel 1968. S. 12 – Katalog „documenta-Foundation e.V.". Stadtsparkasse Kassel 1977

Schumacher

Emil SCHUMACHER (1912 Hagen – 1999 Ibiza)
„Komposition"
1964 (Edition '64)
Radierung
70 x 50 cm
Signiert, nummeriert
Auflage 100 (Druckerei Kätelhöhn, Wamel)
Literatur: Katalog „documenta foundation". Kassel 1968. S. 4 (Abb.) – Katalog „documenta-Foundation e.V.". Stadtsparkasse Kassel 1977 – Ein Haus für die Moderne. 25 Jahre Neue Galerie 1976–2001. Staatliche Museen Kassel, Neue Galerie 2001. S. 80. AZG 1996/4 (SK 15)

Segal

George SEGAL (1924 New York – 2000 South Brunswick)
Ohne Titel
1968 (Edition '68)
Siebdruck
60 x 45 cm
Signiert, datiert, nummeriert
Auflage 150 (Druckerei Hans-Peter Haas, Stuttgart)
Mit Unterstützung der Sidney Janis Gallery, New York

Literatur: d4. documenta foundation. In: Katalog „documenta 4". Kassel 1968. Bd. 1. S. 327 (Abb.); Bd. 2. S. 159 (Abb.) – Katalog „documenta foundation". Kassel 1968. S. 12 (Abb.) – Katalog „documenta-Foundation e.V.". Stadtsparkasse Kassel 1977 – Ein Haus für die Moderne. 25 Jahre Neue Galerie 1976–2001. Staatliche Museen Kassel, Neue Galerie 2001. S. 80. AZG 1996/4 (SK 16)

Richard Smith

Richard SMITH (1931 Letchworth)
„documenta piece"
1968 (Edition '68)
Aluminium, eloxiert
40 x 45 cm
Auflage 100 (Fa. Runkel, Köln)
Mit Unterstützung der Richard Feigen Gallery, New York
Literatur: Katalog „documenta foundation". Kassel 1968. S. 12 (Abb.) – Katalog „documenta-Foundation e.V.". Stadtsparkasse Kassel 1977 – Ein Haus für die Moderne. 25 Jahre Neue Galerie 1976–2001. Staatliche Museen Kassel, Neue Galerie 2001. S. 81. AZ 2000/16

Tony Smith

Tony SMITH (1912 South Orange – 1980 New York)
„New Piece“
1966 (Edition ’68)
Holz
32 x 32 x 32 cm
Auflage 40 (Fa. Wöllenstein, Leverkusen)
Mit Unterstützung der Richard Feigen Gallery, New York und Galerie Hans Müller, Stuttgart
Literatur: Katalog „documenta foundation“. Kassel 1968. S. 12 (Abb.) – Katalog „documenta-Foundation e.V.“. Stadtsparkasse Kassel 1977 – Ein Haus für die Moderne. 25 Jahre Neue Galerie 1976–2001. Staatliche Museen Kassel, Neue Galerie 2001. S. 81. AZ 2000/17

Soulages

Pierre SOULAGES (1919 Rodez)

„Komposition"
1964 (Edition '64)
Lithographie
54,5 x 76 cm
Signiert, nummeriert
Auflage 60 (Druckerei Mourlot, Paris)
Literatur: Katalog „documenta foundation". Kassel 1968. S. 4 (Abb.) – Soulages. Eaux-fortes, lithographies 1952-1973. Paris 1974. S. 104-105 (Abb.)

Stanley

Robert STANLEY (1932 Yonkers)
„Drawing No. 4 for 'Saved'"
1967 (Edition '68)
Siebdruck
59 x 94 cm
Signiert, datiert, nummeriert
Auflage 150 (Druckerei Hans-Peter Haas, Stuttgart)
Mit Unterstützung der Galerie Ricke, Köln
Literatur: Katalog „documenta foundation". Kassel 1968. S. 12 (Abb.) – Katalog „documenta-Foundation e.V.". Stadtsparkasse Kassel 1977 – Ein Haus für die Moderne. 25 Jahre Neue Galerie 1976–2001. Staatliche Museen Kassel, Neue Galerie 2001. S. 80. AZG 1996/4 (SK 30)

Sugai

Kumi SUGAI (1919 Kobe – 1996 Kobe)
„Komposition"
1964 (Edition '64)
Lithographie (nach dem Gemälde „Schwarze Masse", 1963)
76,5 x 56,5 cm
Signiert, datiert, nummeriert
Auflage 200 (Druckerei Desjobert, Paris)
Mit Unterstützung der Galerie Creuzevault, Paris

Literatur: d4. documenta foundation. In: Katalog „documenta 4". Kassel 1968. Bd. 1. S. 325 (Abb.); Bd. 2. S. 157 (Abb.) – Katalog „documenta foundation". Kassel 1968. S. 4 (Abb.) – Katalog „documenta-Foundation e.V.". Stadtsparkasse Kassel 1977 – Ein Haus für die Moderne. 25 Jahre Neue Galerie 1976–2001. Staatliche Museen Kassel, Neue Galerie 2001. S. 80. AZG 1996/4 (SK 17)

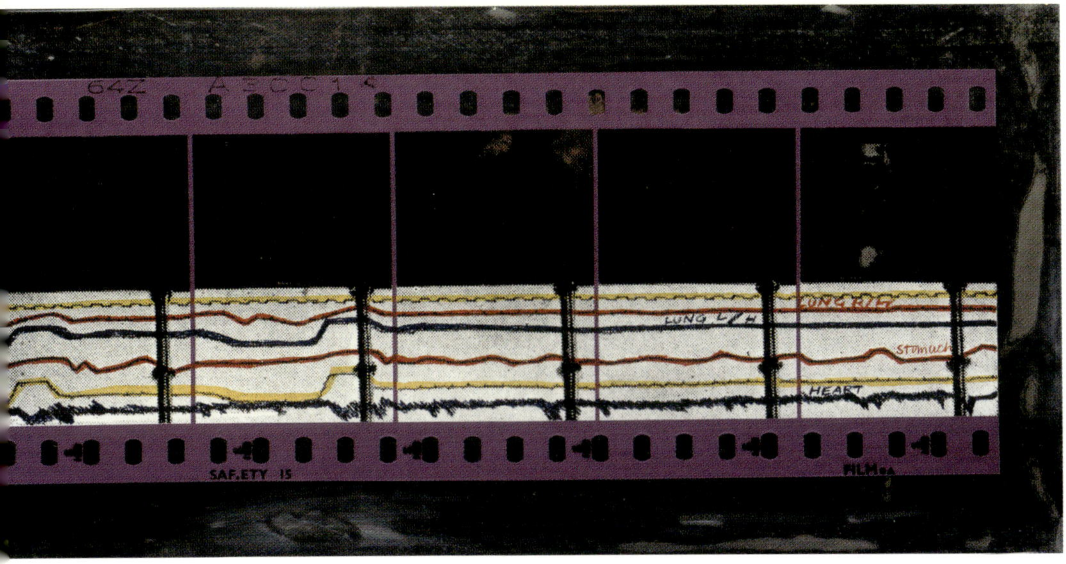

Tilson

Joe TILSON (1928 London)
„The Software Chart"
1968 (Edition '68)
Siebdruck auf Astrofolie
63,5 x 127 cm
Signiert, datiert, nummeriert
Auflage 150 (Druckerei Chris Prater, London)
Mit Unterstützung der Marlborough Fine Art Ltd., London

Literatur: Katalog „documenta foundation". Kassel 1968. S. 12, Abb. S. 13 – Katalog „documenta-Foundation e.V.". Stadtsparkasse Kassel 1977

Trier

Hann TRIER (1915 Düsseldorf – 1999 Toscana)
„Komposition"
1964 (Edition '64)
Aquatinta
76 x 54 cm
Signiert, datiert, nummeriert
Auflage 100 (Druckerei Felsing, Berlin)
Literatur: d4. documenta foundation. In: Katalog „documenta 4". Kassel 1968. Bd. 1. S. 325, Abb. S. 324; Bd. 2. S. 157, Abb. S. 156 – Katalog „documenta foundation". Kassel 1968. S. 5 (Abb.) – Katalog „documenta-Foundation e.V.". Stadtsparkasse Kassel 1977 – Ein Haus für die Moderne. 25 Jahre Neue Galerie 1976–2001. Staatliche Museen Kassel, Neue Galerie 2001. S. 80. AZG 1996/4 (SK 27)

Trökes

Heinz TRÖKES (1913 Hamburg – 1997 Berlin)
„Komposition"
1964 (Edition '64)
Kaltnadelradierung
48,3 x 75 cm
Signiert, nummeriert
Auflage 100 (Druckerei A. W. Schulgen, Düsseldorf)
Literatur: Katalog „documenta foundation". Kassel 1968. S. 5 (Abb.) – Katalog „documenta-Foundation e.V.". Stadtsparkasse Kassel 1977 – Ein Haus für die Moderne. 25 Jahre Neue Galerie 1976–2001. Staatliche Museen Kassel, Neue Galerie 2001. S. 80. AZG 1996/4 (SK 18)

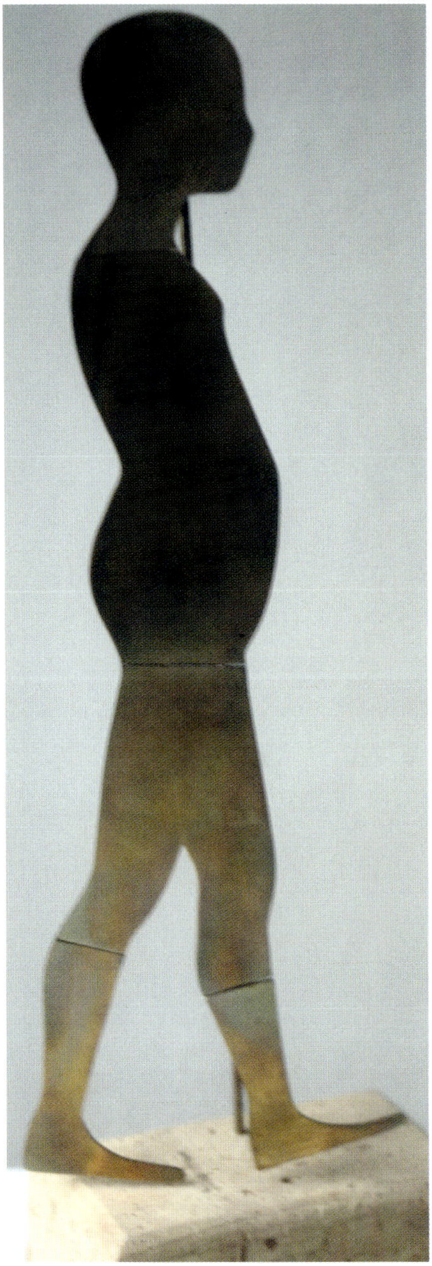

Trova

Ernest TROVA (1927 St. Louis)
„Study Falling Man“
1967 (Edition ’68)
Messing auf Holzsockel
13, 9 x 13,9 x 31 cm
Auflage 50 (W. Kagelmacher, Düsseldorf)
Mit Unterstützung der Pace Gallery, New York
Literatur: Katalog „documenta foundation“. Kassel 1968. S. 13 (Abb.) – Katalog „documenta-Foundation e.V.“. Stadtsparkasse Kassel 1977 – Heitmüller, Corinna: Ernest Trova: Study Falling Man 1963–1987. Eine Monographie. Frankfurt/M. u.a. 1993. Abb. S. 351 – Ein Haus für die Moderne. 25 Jahre Neue Galerie 1976–2001. Staatliche Museen Kassel, Neue Galerie 2001. S. 81.
AZ 2000/18

Turnbull

William TURNBULL (1922 Dundee)

Ohne Titel

1968 (Edition '68)

Siebdruck

54 x 54 cm

Signiert, datiert, nummeriert

Auflage 100 (Druckerei Hans-Peter Haas, Stuttgart)

Literatur: Katalog „documenta foundation". Kassel 1968. S. 13 (Abb.) – Katalog „documenta-Foundation e.V.". Stadtsparkasse Kassel 1977 – Ein Haus für die Moderne. 25 Jahre Neue Galerie 1976–2001. Staatliche Museen Kassel, Neue Galerie 2001. S. 80. AZG 1996/4 (SK 22, SK 23)

Tyzack

Michael TYZACK (1933 Sheffield)
„Kite"
1968 (Edition '68)
Farbiges Leinen (3 Ausführungen)
125 x 120 cm
Auflage 500
Mit Unterstützung der Axiom Gallery, London
Literatur: d4. documenta foundation. In: Katalog „documenta 4". Kassel 1968. Bd. 1. S. 327, Abb. S. 326; Bd. 2. S. 159, Abb. S. 158 – Katalog „documenta foundation". Kassel 1968. S. 13 (Abb.) – Katalog „documenta-Foundation e.V.". Stadtsparkasse Kassel 1977

Uecker

Günther UECKER (1930 Wendorf)
„Reihung"
1968 (Edition '68)
Prägedruck
65 x 78 cm
Signiert, datiert, nummeriert
Auflage 100 (Druckerei Konerding, Essen)
Mit Unterstützung der Galerie Alfred Schmela, Düsseldorf

Literatur: Katalog „documenta foundation". Kassel 1968. S. 14 (Abb.) – Katalog „documenta-Foundation e.V.". Stadtsparkasse Kassel 1977 – Ein Haus für die Moderne. 25 Jahre Neue Galerie 1976–2001. Staatliche Museen Kassel, Neue Galerie 2001. S. 81. AZG 1996/4 (SK 32)

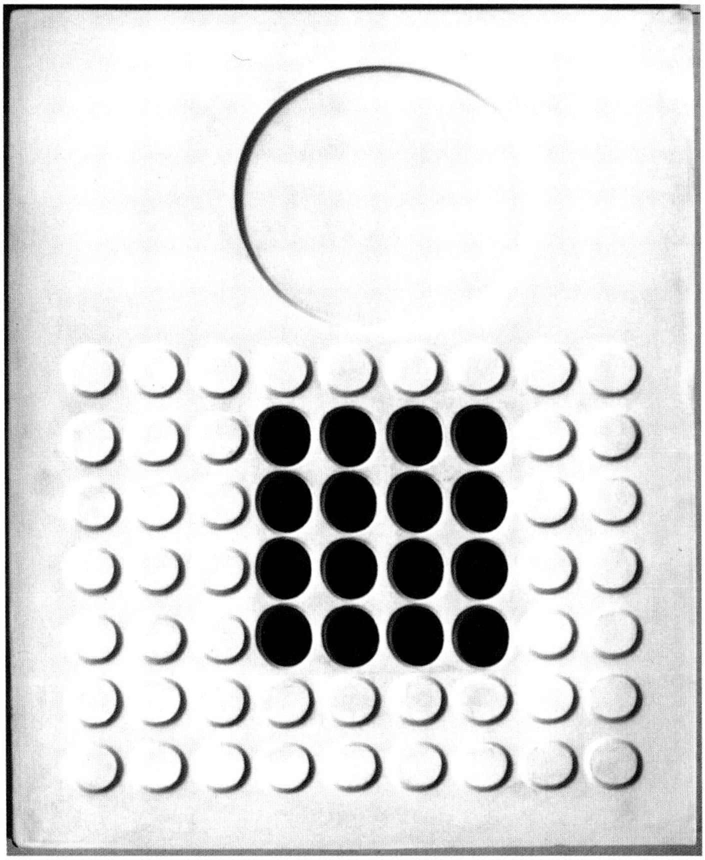

Vaserely

Victor VASARELY (1908 Pécs – 1997 Paris)
„Laika"
1964 (Edition '64)
Porzellan
47 x 38 cm
Auflage 50 (Rosenthal-Porzellan AG)
Literatur: Katalog „documenta foundation". Kassel 1968. S. 5 (Abb.) – Katalog „ars multiplicata – vervielfältigte Kunst seit 1945". Wallraf-Richartz-Museum in der Kunsthalle Köln 1968. S. 210 – Katalog „ars porcellana – rosenthal relief reihe". Kölnischer Kunstverein. Köln 1968 (Abb.) – Katalog „documenta-Foundation e.V.". Stadtsparkasse Kassel 1977 – Ein Haus für die Moderne. 25 Jahre Neue Galerie 1976–2001. Staatliche Museen Kassel, Neue Galerie 2001. S. 81. AZ 2000/19

Victor VASARELY
„Planetarische Folklore"
1964 (Edition ´64)
Kassette mit 6 Tafeln in mehrfarbigem Siebdruck
Je 65 x 62 cm
Signiert, nummeriert
Auflage 125, davon 25 Exemplare für die documenta-Foundation
Mit Unterstützung der Galerie Der Spiegel, Köln

Wesselmann

Tom WESSELMANN (1931 Cincinnati)
Ohne Titel („Foot", „Seascape")
1968 (Edition '68)
8-farbiger Siebdruck
61 x 60 cm
Signiert, datiert, nummeriert
Auflage 150 (Druckerei Hans-Peter Haas, Stuttgart)
Mit Unterstützung der Sidney Janis Gallery, New York
Literatur: d4. documenta foundation. In: Katalog „documenta 4". Kassel 1968. Bd. 1. S. 327, Abb. S. 326; Bd. 2. S. 159, Abb. S. 158 – Katalog „documenta foundation". Kassel 1968. S. 14 (Abb.) – Katalog „Pop-Sammlung Beck". Rheinisches Landesmuseum Bonn 1970. S. 197, Abb. 13 – Katalog „Amerikanische Graphik seit 1980". Bündner Kunsthaus Chur, Kunstverein Solothurn, Musée d'art et d'histoire Geneve, Kunsthaus Aarau, Kunstmuseum Basel 1972/73. Nr. 70, Abb. – Katalog „documenta-Foundation e.V.". Stadtsparkasse Kassel 1977 – Stealingworth, Slim: Tom Wesselmann. New York 1980. S. 284 (Abb.) – Ein Haus für die Moderne. 25 Jahre Neue Galerie 1976–2001. Staatliche Museen Kassel, Neue Galerie 2001. S. 81. AZG 1996/4 (SK 19)

Wotruba

Fritz WOTRUBA (1907 Wien – 1975 Wien)
„Figur V"
1964 (Edition '64)
Bronze
41 x 17 x 15 cm
Auflage 6
Literatur: Katalog „Wotruba". Galerie Welz Salzburg 1965. Nr. 12

Fritz WOTRUBA
„Figuren"
1974
Radierung
54 x 74 cm
Auflage 30
Literatur: Katalog „documenta-Foundation e.V.". Stadtsparkasse Kassel 1977

Wotruba

Fritz WOTRUBA
„Figuren"
1974
Radierung
65 x 50 cm
Signiert, datiert
Auflage 90 (Eigendruck) Tusch Verlag Wien
Literatur: Katalog „documenta-Foundation e.V.". Stadtsparkasse Kassel 1977 – Ein Haus für die Moderne. 25 Jahre Neue Galerie 1976–2001. Staatliche Museen Kassel, Neue Galerie 2001. S. 81. AZG 1996/4 (SK 10)

Gestiftete Einzelwerke

Lynn CHADWICK (1914 London)
„Inquisitor I"
1964
Bronze
45 x 7 cm
Auflage 4, davon 1 Exemplar für die documenta-Foundation
Mit Unterstützung von Marlborough Fine Art Ltd., London
Literatur: Katalog „Chadwick". Marlborough New London Gallery, London 1966. Nr. 6

CHRISTO
„Running Fence"
1976
Pastell, Kohle, Bleistift auf Papier
56 x 71 cm
Literatur: Katalog „documenta-Foundation e.V.". Stadtsparkasse Kassel 1977

Raimund GIRKE (1930 Heinzendorf)
Ohne Titel
1976
Aquarell
39 x 28 cm
Literatur: Katalog „documenta-Foundation e.V.". Stadtsparkasse Kassel 1977

Otto Herbert HAJEK (1927 Kaltenbach)
„Farbwege"
1964
Bronze, Stahl, Farbe
25 x 42 x 10 cm
Literatur: Katalog „O.H. Hajek. Sculture, pitture e opere urbanistiche". Museo Nationale di Castel Sant-Angelo. Roma 1981. S. 321

Zoltan KEMENY (1907 Banica – 1965 Zürich)
1964
Decollage

Jiri KOLÁR (1914 Protivin)
„Montmartre"
1959
Collage
28 x 19 cm
Literatur: Katalog „documenta-Foundation e.V.". Stadtsparkasse Kassel 1977

Jiri KOLÁR
„Null-47"
1962
Collage
29 x 22 cm
Literatur: Katalog „documenta-Foundation e.V.". Stadtsparkasse Kassel 1977

Nicholson

Jiri KOLÁR
„Vogel"
1972
Collage
33 x 33 cm
Literatur: Katalog „documenta-Foundation e.V.". Stadtsparkasse Kassel 1977

Marino MARINI (1901 Pistoia – 1980 Viareggio)
„Gestürztes Pferd"
1964
Bronze
Auflage 6, davon 1 Exemplar für die documenta-Foundation

Ben NICHOLSON
„Peg Top"
1963
Öl auf Holz
63 x 63 cm
Mit Unterstützung von Marlborough Fine Art Ltd., London

Alicia PENALBA (1913 Buenos Aires – 1982 Paris)
„Source – Quelle"
1962
Bronze
34 x 55 x 21 cm
6 Abgüsse, davon 1 Exemplar für die documenta-Foundation
Literatur: Katalog „Penalba". Städtisches Museum Leverkusen Schloß Morsenbroich 1965. Nr. 56

Fritz WINTER (1905 Altenbögge – 1976 Herrsching)
„Komposition" („Triebkräfte der Erde")
1935
Öl auf Leinwand
168 x 122 cm
Signiert Mitte unten: „F Winter 35"
Bis 1982 Leihgabe der documenta-Foundation an die Staatlichen Museen Kassel
Literatur: Katalog „Fritz Winter". Göppinger Galerie Frankfurt/M. 1959 (Abb.) – Katalog „Fritz Winter zum 60. Geburtstag". Staatliche Kunstsammlungen Kassel 1965. Nr. 95 (Abb. 64) – Katalog „Fritz Winter zum sechzigsten Geburtstag". Kunsthalle Mannheim 1966. Nr. 84 – Katalog „Fritz Winter". Kunstverein für die Rheinlande und Westfalen. Düsseldorf Kunsthalle 1966. Nr. 83 – Katalog „documenta foundation". Kassel 1968. S. 5 – Katalog „documenta-Foundation e.V.". Stadtsparkasse Kassel 1977 – Lohberg, Gabriele: Fritz Winter – Leben und Werk. München 1986. Nr. 640 (Abb.)

Bildnachweis

Richard Hamilton: 63
Francesco Mariotti. Foto Peter Gauditz: 57 u.
Andreas Vowinckel: 41, 42, 47, 54, 59, 61, 76, 85, 86, 87, 88, 90, 95, 96, 102, 106, 108, 113, 118; Foto Andreas Vowinckel: 9, 11, 13, 15, 17, 21, 40, 43, 45, 50, 51, 61, 64, 79; Foto Wolfgang Prange: 46, 52, 60, 65, 100, 104, 109; Foto Schmitz-Fabri: 66
Christoph Vowinckel. Foto Bernhard Schaub: 116
Galerie Pels-Leusden: 39, 48, 49, 53, 56, 58, 62, 67, 69, 74, 75, 77, 80, 82, 84, 91, 92, 98, 99, 101, 103, 107, 110, 112, 114
Kunstmuseum Celle mit Sammlung Robert Simon: 57 o.
Staatliche Museen Kassel. Foto Gabriele Bößert: 93; Foto Ute Brunzel: 55, 72, 78, 81, 89, 111, 115, 117